大学生主题教育体系的路径创新

高玲 著

西北工業大學出版社

西 安

【内容简介】 本书系统地阐述了当前大学生思想政治教育的基本问题，围绕一系列教育主题进行专项研究。本书主要包括大学生爱国主义教育、大学生理想信念教育、大学生生命教育、大学生诚信教育、大学生责任教育、大学生心理健康教育、大学生励志成才教育和大学生幸福观教育共8章内容。

本书可供高等院校的管理者及其他相关研究人员参考。

图书在版编目（CIP）数据

大学生主题教育体系的路径创新 / 高玲著. — 西安:西北工业大学出版社, 2020.5

ISBN 978-7-5612-6699-1

Ⅰ. ①大… Ⅱ. ①高… Ⅲ. ①大学生－思想政治教育－研究－中国 Ⅳ. ①G641

中国版本图书馆 CIP 数据核字(2020)第 070120 号

DAXUESHENG ZHUTI JIAOYU TIXI DE LUJING CHUANGXIN

大学生主题教育体系的路径创新

责任编辑：雷　鹏　李迎新　　策划编辑：雷　鹏

责任校对：张　潼　　装帧设计：吴志宇

出版发行：西北工业大学出版社

通信地址：西安市友谊西路 127 号　　邮编：710072

电　　话：（029）88493844，88491757

网　　址：www.nwpup.com

印 刷 者：北京市兴怀印刷厂

开　　本：710 mm×1 000 mm　　1/16

印　　张：11

字　　数：227 千字

版　　次：2021 年 1 月第 1 版　　2023 年 4 月第 2 次印刷

定　　价：68.00 元

前　　言

进入新时期，技术手段的变化、生产方式的变化及管理模式的变化，决定了人们的生存方式和生活观念的变化，从而决定了社会自我意识和个体自我意识的变化，最终造成了个体发展观念的变化和社会教育理念的变化，使新时期的教育事业遇到了许多新的教育话题，并且使其中的某些话题日益凸显为当前教育的时代主题。深刻反思新时期人们的生活特别是发展观念和教育理念的变化，则是我们把握这一时期教育发展的主题，推动教育事业健康快速发展的重要前提和关键环节。

就学生的思想政治素质培养来讲，思想政治专业教育和思想政治理论课教学发挥着不可或缺、无可替代的重要作用。本书立足于思想政治教育专业视域，集中阐释新时期大学生思想政治教育所发生的重要变化、所出现的新型问题和破解思路。围绕新时期大学生思想政治教育的基本问题，开启新的教育路径，面向生活、引发思考，彰显社会主导理念，提升个体成才观念；具体围绕“爱国主义教育”“理想信念教育”“生命教育”“诚信教育”“责任教育”“心理健康教育”“励志成才教育”“幸福观教育”等一系列重要的教育主题进行专项研究，提出构建大学生思想政治主题教育长效机制的基本原则和根本措施。此外，社会主义核心价值体系是党在新时期思想文化建设方面的重大理论创新，也是大学生思想政治教育的一次理论创新，全书始终将这一体系显现于其中。

本书以历史与现实交融的视野，分析与综合交汇的方法，探究以主题教育为载体提升当代大学生日常思想政治教育实效性的创新途径，为当代大学生主题教育的研究与实践提供富有启发价值的参考和借鉴。

在本书的写作过程中，引用借鉴了一些学者的理论思想，在这里对这些学者表示衷心的感谢。

由于水平有限，书中难免出现不足之处，希望各位读者能不吝赐教，提出宝贵的意见。

著　者

前言

目　录

第一章　大学生爱国主义教育

党的十九大报告指出，扎实推进社会主义文化强国建设，要加强社会主义核心价值体系建设，用社会主义核心价值体系引领社会思潮、凝聚社会共识，弘扬民族精神和时代精神，深入开展爱国主义、集体主义、社会主义教育，牢牢掌握意识形态工作的领导权和主导权。

第一节　爱国主义教育的内涵

早在 2 000 多年前，对学生进行爱国主义教育就已经存在。随着时代发展和演变，爱国传统、爱国表现及爱国主义教育的内涵也经历了不断发展、演变的过程。“爱国主义有着鲜明的时代特点，它总是随着时代的前进和历史的进步而不断丰富，向人民提出新的要求。”当前，在爱国主义教育实施过程中，必须准确把握爱国主义的深刻内涵与内容演变，才能对学生起到更好的教育作用。

一、爱国主义的科学内涵

(一) 爱国主义的内容

“祖国”这个概念至少包含了三方面的要素：一是自然要素，即本民族赖以生存的，由土地、山河、海洋等自然风貌和矿藏、森林、物产等自然资源所构成的国土；二是社会要素，即具有共同的经济生活、语言文化、社会心理和历史传统，由纵横交织的社会关系紧密联成一体的人民或国民；三是政治要素，即为了维护社会共同体的秩序安全、主权和稳定而建立起来实施阶级统治的强力政治机构——国家。由此可见，祖国是一个集自然、社会、政治于一体的综合概念。爱国主义表现在如下几方面。

1. 热爱祖国的大好河山

祖国的大好河山，是我们世代生息、繁衍的地方，我们在这里出生、在这里成长。爱国主义者首先就要热爱养育自己的土地，牢固树立“保我国土”、“爱我家乡”、维护祖国领土的完整和统一的爱国理念，承担起保卫国家和领土安全的这一神圣的使命。

近几十年来，环境破坏已经成为一个全世界共同面临的问题，近几年更是成为人们屡屡关注的焦点。为了保护我们赖以生存的家园，在国家的经济建设过程中，我们应该以科学发展观为指导，协调人与自然和谐发展。经济的发展要兼顾环境效益，转变粗放的经济发展模式，提高资源的利用效率。另外，我们要加倍珍惜祖国的山川河流、田野矿藏，更好地保护这片国土，避免乱砍滥伐，积极推行退耕还林政策。

2. 热爱自己的骨肉同胞

人是一个国家发展的主体，也是社会发展的主要推动力。我们国家幅员辽阔、物产丰富，在富饶的大地上世代生息繁衍着亿万勤劳、勇敢、善良的中华儿女。在几千年的历史进程中，在一代又一代的中华儿女的辛勤努力下缔造了辉煌灿烂的中华文明。

“爱国爱民”“忧国忧民”“强国富民”，从这些词语中我们可以看出，国家与人民始终联系在一起，热爱祖国和热爱人民从来就没有分开过，从根本上来说，热爱祖国就是热爱那些创造了悠久历史和灿烂文明的各族人民。因此，我们说爱国必爱民，爱民定爱国。对人民的感情如何，决定着一个人在社会中的价值取向和行为模式如何，这也与个人思想道德修养如何有着紧密的联系。

3. 热爱祖国的灿烂文化

祖国的灿烂文化是使祖国的山河具有深厚的人文底蕴的宝贵精神财富，是中国和中华民族的“胎记”，是中华民族得以延续的“精神基因”，是培育民族心理、民族性格和民族精神的“摇篮”，是结成民族凝聚力的土壤。

热爱自己祖国的优秀文化，也是爱国主义的基本要求。无论一个人走到哪里，无论人们彼此之间多么地隔绝，对祖国灿烂文化和历史传统的认同会把人们的心连在一起。

4. 热爱自己的国家

无论在什么时代、什么社会制度之下，只要有国家的存在，那么国家就是维护共同秩序和社会稳定的主要社会机器。在战乱的年代，国家保护国民的人身安危，在和平年代国家维护社会稳定、促进经济发展、提高人民的生活水平。没有国家就没有稳定的生活、没有安全的生活环境。

爱祖国就是爱国家，爱国家就是爱祖国。“覆巢之下，安有完卵”，国家的兴旺发达是人、家庭、社会得以兴旺发达的根基，如果国家的发展举步维艰，那么生活在国境内的所有国民都难以获得幸福和快乐。在强大的国家中，民族、家庭、个人才会安居乐业、幸福健康；在衰败危亡的国家中，国民贫困潦倒、流离失所难以避免。我们应该认识到这一点，从而提高自己的思想觉悟，热爱自己的国家。

（二）爱国主义的时代特征

当前，我国正处在一个新的历史时期，全国各族人民在中国共产党的领导下，正朝着建设有中国特色的社会主义现代化强国的伟大目标前进。在这种新的历史条件下，中华民族的爱国主义传统被注入了新鲜血液，赋予了新的活力，得到了新的升华，有了更崇高的境界和更丰富的内容，体现出更为鲜明的时代特征。

1．爱国主义与爱社会主义相统一

新时期爱国主义的基本特征是坚持爱国主义与爱社会主义的统一。中华人民共和国每一个公民必须坚持热爱社会主义中国。

中国近代历史发展的结果表明，爱国主义与社会主义是内在统一的。中国的历史和现实充分证明，只有社会主义才能救中国，只有社会主义才能发展中国。

社会主义的建立，为新中国的繁荣发展提供了可靠的社会制度保障，改革开放40多年来，中国人民在社会主义制度之下，不断谱写着自强不息、顽强奋进的壮丽史诗，建设了一个充满生机与活力，为世界所瞩目的繁荣昌盛的新中国。实践证明，一切成绩和进步的根本原因就是坚持走中国特色社会主义道路，形成了中国特色社会主义理论体系。

2．爱国主义与拥护中国共产党领导相统一

“没有共产党就没有新中国”，中国共产党带领广大人民群众经过艰苦卓绝的斗争，才建立了社会主义新中国。

中国共产党的历史上矗立着一座座爱国主义的丰碑。历史证明，中国共产党是高举爱国主义旗帜并躬身实践的光辉典范，是中国特色社会主义事业的坚强领导核心，因此新时期的爱国主义必须要拥护中国共产党的领导。

3．爱国主义与拥护祖国统一相统一

爱国就必然要拥护祖国统一，这是爱国与否的基本政治准则。所有海外的中华儿女，都必须维护社会主义祖国的利益，拥护祖国统一。在中华民族的发展史上，对国家主权、领土完整及民族感情的高度认同，是中华儿女爱国情怀的重要体现。

4．爱国主义与经济全球化相统一

爱国主义的观念在经济全球化发展的今天仍然需要。地球村不是大同世界，

而是世界竞争更加激烈的体现。西方政治一体化和文化一体化的观念是别有用心的，是企图假借经济全球化，推行西方的政治制度和价值观念，损害别国的主权和尊严的行径。

在全球化过程中，应当充分利用经济全球化所提供的机遇发展自己，同时坚决维护国家的主权和尊严，按照本国国情发展自己的政治制度和民族文化。这并不只是一句口号，必须在原则立场上落实。在经济全球化的今天，大学生要秉持科学无国界，科学家却有祖国的爱国主义观念。

(三) 爱国主义的时代价值

1. 爱国主义是中华民族继往开来的精神支柱

爱国主义是鼓舞人们为自己祖国的繁荣富强而无私奉献的巨大精神动力，是推动人们为祖国的荣誉和尊严、民族的繁荣和昌盛、人民的富裕和幸福而奋斗不息的巨大精神力量。

在新的历史条件下，爱国主义促使祖国人民高举社会主义的伟大旗帜，团结全国各族人民、港澳同胞、台湾同胞、海外侨胞，建立最广泛的爱国统一战线，充分发挥和集中整个民族的智慧和力量，为建设社会主义国家做出贡献。作为新时期的大学生，要发挥爱国主义的伟大精神，勇于承担起建设富强、民主、文明、和谐、美丽的社会主义现代化国家的历史责任，努力为中华民族发展史续写新的光辉篇章。

2. 爱国主义是维护祖国统一和民族团结的纽带

我国是一个地域辽阔的多民族国家，尽管历史上曾出现过几次分裂的局面，爱国主义的情怀仍把各族人民重新统一在一起，建设强大的祖国。历史证明，一旦各族人民紧密团结在爱国主义的旗帜之下，中华大地就会出现一个强盛的国家，否则中国将会是一个瘠贫病弱的国家，爱国主义精神是国家强盛的重要支撑。

爱国主义不仅紧密地团结了国内各族人民，而且也强有力地吸引了由于种种原因远离祖国怀抱的人们。曾任国民党南京政府“代总统”的李宗仁先生，在漂泊他乡 16 年后，毅然在 1965 年 7 月回归祖国。还有钱学森、钱三强、李四光、华罗庚、邓稼先，以及近几年来的“海归派”纷纷从国外归来投奔社会主义建设。

3. 爱国主义是实现中华民族伟大复兴的动力

1840 年，帝国主义用大炮轰开了中国的大门，中国进入耻辱的近代社会。无数爱国志士发愤图强，努力探索和寻找民族复兴的道路。最终，中国共产党领导中国人民建立了社会主义新中国，实现了民族解放，为中华民族的伟大复兴奠定了坚实的基础。

爱国精神继续发挥着推动中华民族建设国家的巨大动力作用。“人心齐，泰山移”，无数中华儿女奋发图强，在中国社会的各个层面推动中国特色社会主义国家的建设。尤其是改革开放的40多年以来，中国社会的巨大进步为世界所瞩目，从而更加激起全国各族人民和港澳台以及广大海外同胞的爱我中华、建我中华、强我中华的爱国热情。

4. 爱国主义是个人实现人生价值的力量

爱国是一种责任，也是实现人生价值的重要条件。爱国主义为人的成长指明了方向。爱国主义者会自主地把自身的价值取向同社会价值取向相结合，自动地把个人理想融入社会理想之中。人生价值只有和社会理想相统一的时候才能实现。爱国主义还是推进个人理想融入社会理想的重要动力。历史上一切建大功、立大业、对人民做出贡献的人，大都是赤诚的爱国主义者。

二、爱国主义与弘扬民族精神

(一) 民族精神的内涵

民族精神是一个民族所特有的气质，包含这个民族的价值趋向、思维方式、道德规范等一系列重要内容。一个民族的特有气质，往往需要很长时间才能形成。在民族的历史长河中，重大的历史事件不断影响一个民族的精神风貌，从而形成这个民族特有的精神气质。中华民族在历史长河中，曾遭受多次侵袭，背负亡国灭种的危险，最终形成了以爱国主义为核心的团结统一、爱好和平、勤劳勇敢、自强不息的伟大民族精神。这种民族精神使得中华民族在任何时候都表现出强大的生命力，支撑着中华民族不断走向繁荣强大。

(二) 爱国主义是中华民族精神的核心

爱国主义是一个人对其国家最深厚情感的集中体现，反映了个人对祖国在情感上的依赖关系。爱国主义感情包含了人们对国家故土家园、种族和文化的归属感、认同感、尊严感与荣誉感的统一。爱国主义在不同的历史时期，有着不同的内容和主题。在古代，爱国主义精神表现为反对民族分裂、维护祖国统一；在近代，爱国主义表现为变革御侮、拯救危亡困境中的中国，反对侵略，捍卫国家独立和完整；在现代，爱国主义表现为建设中国特色社会主义，为祖国建设添砖加瓦，维护祖国领土统一，反对祖国分裂。

中华民族的爱国主义传统内涵概括起来就是：“热爱祖国，矢志不渝；天下兴亡，匹夫有责；维护统一，反对分裂；同仇敌忾，抗御外侮。”中国人民在这种精神的熏陶下，缔造了新中国，建立了社会主义，进行了改革开放，实现了中华民族由弱到强、由贫致富的重大转变。新时期中华民族的爱国主义同爱社会主义密切相连，因为当代中国实行的是社会主义制度，只有爱社会主义才能够在最大程度上爱这个国家。

(三) 中华民族精神的基本内容

团结统一是爱国主义的直接体现，也是当代中国人、中华各民族儿女的共同心愿。

爱好和平表现在中华民族珍视和平社会来之不易的感情上，愿与世界其他民族友好相处、共同发展的行动上。

勤劳勇敢体现了中华民族的民族性格和道德精神。《左传》曰：“民生在勤，勤则不匮。”勤劳勇敢是中华民族创造一个又一个人间奇迹的重要精神动力。

自强不息体现在中华民族在面对困难之时“愚公移山”的坚毅精神，在面对强权时“富贵不能淫，贫贱不能移，威武不能屈”的大丈夫人格，在面对时代变化时的“因时而变”“因时而治”“与时偕行”“与时俱进”的创新作为。

三、大学生爱国主义教育的特征

由于大学生的接受特点和高校教育的独特性，同社会其他团体和群体的爱国主义教育相比，大学生爱国主义教育具有以下特征。

第一，较强的双向互动性。在高校爱国主义教育实施过程中，教育者与大学生是平等的互动和交流，通过生动活泼的教育形式达成共识。

第二，鲜明的时代性。大学生是对时代发展反应最敏锐、行动最积极、最具时尚性的群体，高校爱国主义教育应贴近时代、贴近学生、贴近生活，应用新方法，补充新内容，立足中国，面向世界，谈天说地，体现和平发展的时代特征。

第三，广泛的社会开放性。在全球化背景下，社会开放程度大大加深，社会舆论环境更为复杂，新媒体空前发达，大学生不满足于仅从学校获得信息，他们可以更直接和快捷地获取各种社会信息，这就使高校爱国主义教育呈现出广泛的社会开放性，同时也对高校爱国主义教育的系统性、时效性提出了更高的要求。

第四，多元的复杂性。一方面，高校重视大学生的理性爱国教育，避免大学生盲目冲动；另一方面，又要防止“理性过度”，压抑大学生爱国热情的释放。一方面，社会影响大学生的积极或消极的爱国认同；另一方面，大学生的爱国认同又对社会产生积极或消极的影响。两方面呈现高度的相关性和复杂性。

第二节　大学生爱国主义教育的现状及改进

经济全球化、科技信息化和文化多元化是现代社会的基本特征，是我国大学生爱国主义教育面临的当下境遇。我国大学生爱国主义教育呈现出新的特征。

一、大学生思想政治教育面临的境遇与挑战

（一）大学生爱国主义教育面临的当下境遇

(1) 经济市场化与物本取向。经济市场化是现代化的基本动力源。所谓市场化，是一种以市场为社会基轴的经济社会发展模式。市场化是在商品生产和商品交换日益发达的基础上产生的，市场是商品交换的场所，也是资源调控的中枢。在市场的调控下，物质资源、信息资源和人力资源向最佳的领域配置。

在现代社会，物本取向已经渗透到经济、政治、文化和教育等领域。第一，在经济领域，物本取向主要表现为GDP崇拜。所谓GDP崇拜，就是片面追求GDP绝对值的增长，忽略了其他因素，比如经济结构的平衡、环境成本、社会福利等等。这是世界上一些新兴市场经济国家或者向市场经济体制转型国家的“共发症”。改革开放以来的相当一段时间里，我国的一些地方盲目追求GDP，热衷于基础设施、经济项目的大投入、大建设，甚至不惜牺牲环境保护、民生福祉为GDP让路，致使GDP成了一种信仰。第二，在政治领域，物本取向主要表现为权力商品化，其主要形式是用政治权力换取经济利益和用经济力量购买政治权力。此外，市场经济主体的奋斗目标，就是追求利润的最大化。为了实现最大的利润，不同的市场主体必然要展开竞争。在这场竞争中，有的通过正当竞争求胜，有的则通过不正当竞争求胜。第三，在社会生活领域，物本取向主要表现为把金钱作为人生价值和人际交往的主要标准。在市场经济的风向标下，一些人的价值取向偏离了，他们在职业选择过程中不重视自己能为社会贡献什么，而首先关心自己能获得多少报酬；一些人醉心于物质消费，追求消费的攀比、炫耀效应，显示其财富和地位。

(2) 科技信息化与器本取向。在科学技术成为第一生产力的时代，技术、知识、信息成为重要的生产要素，成为国家与国家、企业与企业、个人与个人竞争的主要指标。科学技术具有很强的渗透性，并在与其他生产要素的结合中促进其增值。科学技术与生产过程的结合成为财富的增值器；科学技术与个人素质的结合，提高了人们认识自然、改造自然的能力。

科技信息化在提升人的主体性的同时，也产生了对人文价值的偏离，出现了器本信仰。器本信仰主要有三个表现：一是重自然科学轻哲学、社会科学的知识观；二是重应用技术轻基础学科的学科观；三是重技能素质轻人文修养的素质观。

(3) 政治民主化与人本取向。政治民主化是现代化的重要保证。政治民主化是指从传统社会向现代社会转型过程中，政治的形式和内容从非民主走向民主，特别是从专制走向民主的过程。随着社会的发展，政治民主发展出了资本主义民主和社会主义民主等不同形态。两种形态民主的主体不同，但是通过政治民主分权的目标是一致的。

政治民主化是建立在对人权肯定的基础上，是人本取向的确立过程。第一，人本取向是以人为出发点和归宿点，而不是以神为出发点，更不是以物为出发点。第二，人本取向中的人是现实的和具体的，而不是抽象的。第三，人本取向把人作为社会发展的主动力之一，重视人的精神动力的发展价值。

(二) 大学生思想政治教育面临的挑战

1. 大学生的国家安全意识和民族文化意识正在弱化

很长时间以来，民族国家一直是人类政治生活的核心，领土、主权、公民是其三个构成要素。但从当前来看，经济全球化进程已经对传统的民族国家观念构成了重大的挑战。一些学者提出非民族国家化理论，认为民族国家已经过时或正在终结。不少大学生受到这些理论的影响，认为国家会随着跨国公司等全球性机构的出现而逐渐消亡，他们关注全球和人类整体利益已渐渐多于对本国、本民族利益的关注，民族国家意识正在逐渐淡化。

在全球化迅猛发展的时代条件下，在中国特色社会主义建设的伟大实践中，改革开放、独立自主、和平共处、反对霸权主义、反对台独、和平统一成为爱国主义教育的重要内容。但是有些大学生在面对全球化对中华民族传统文化冲击的时候，不能正确处理传统文化的继承和发展的关系，甚至对西方文明顶礼膜拜而对中华民族的传统文化持一种虚无主义的冷漠态度。

2. 大学生的爱国思想受到了国内社会矛盾的影响

随着改革开放的不断深化，各领域都发生了深刻的变化。利益多元化及各种社会思潮的相互激荡使大学生难免产生各种思想困惑。主要表现在以下方面：第一，不断拉大的社会贫富差距、弱势群体的不公平待遇、社会上存在的不正之风和消极腐败现象，使大学生产生了政治信仰迷茫、理想信念模糊的现象。一些大学生一味地追求民主公平，忽视了国家主权。第二，一些大学生在面对国际冲突时缺乏理性的爱国意识。由此可以看出，爱国主义教育还有另外一项重要任务，就是要教育大学生辩证地看待中国传统文化与各国优秀文化之间的关系、正视历史和国情，树立理性的爱国主义观，并将其转化到实际行动之中。随着网络时代的到来，人际关系虚拟化、信息传播大众化，西方敌对势力借机利用网络媒体的力量夸大我国社会矛盾、挑拨民族关系，使大学生产生更多的思想困惑，影响对大学生爱国主义精神的培养。

3. 大学生爱国主义意识和意志力受到了网络的挑战

随着信息技术的发展，人类社会进入互联网时代，人们的交往方式、获得资讯的渠道都有了根本性变化。这为经济全球化提供了良好的技术支撑，但也对处于被动地位的发展中国家的爱国主义精神产生了一些冲击。

大学生是网络社会的主体，也是爱国主义教育的主要对象，他们接受新事物、新观念较快，而网络技术的发展也为大学生接受更多的信息创造了条件。但是大学生尚处于思想逐渐成熟的过程之中，辨别和认识事物的能力有待进一步提高，因而容易受到网络上传播的欺骗性信息和不良言论的影响，形成错误的认识，这对大学生的爱国主义意识是一种严峻的挑战。此外，由于网络环境中的绝大多数信息来自于西方发达国家，而以美国为首的西方发达国家为了达到自己的目的不惜加大网络宣传力度，甚至传播虚假信息。西方国家以武力为后盾，凭借白己强势的经济及科技实力，利用网络大肆推行西方的价值标准、意识形态和社会文化来达到自己的目的。一些大学生面对互联网上大肆传播的西方资本主义价值观念、虚假宣传，以及浸透着西方特色的音乐电视、电影、软件等文化产品缺乏应有的鉴别能力，使自己的爱国情感受到影响。

二、大学生爱国主义教育现存问题

(一) 准备不足，研究不够，应对乏策

对新时代背景下加强大学生爱国主义教育的准备不足、研究不够、应对乏策，具体表现为：一是对乘着经济全球化的翅膀空降而来的西方的有害价值观认识不清、防范不力，特别是在敌对势力的蓄谋推动之下，历史虚无主权、人权大于主权、地球村、民主、人权、民族、宗教等似是而非的所谓普世价值在一定程度上成功登陆中国大陆，入侵大学校园、大学课堂和大学生的头脑，导致部分大学生爱国主义观念异化、意识淡薄，而我们对此反应迟钝、准备不足、无所适从、应对乏策；二是改革开放以来，特别是在经济全球化潮起潮落之时，我们在一段时间内忽视了爱国主义教育，即使中共中央于 1994 年 8 月 23 日颁布了《爱国主义教育实施纲要》，2001 年 10 月又颁布了《公民道德建设实施纲要》，把爱祖国、爱人民、爱劳动、爱科学、爱社会主义作为公民道德建设的基本要求和每个公民

都应当承担的法律义务和道德责任，反复强调要加强和改进爱国主义教育，但是总体上看，仍然有相当数量的高校没有很好地贯彻落实，存在着打被动仗、力量分散、力度不大、方法手段落后、针对性和时效性不强等问题。2004 年 8 月，中共中央、国务院发布的《关于进一步加强和改进大学生思想政治教育的意见》中指出，在国际敌对势力与我国争夺下一代的斗争更加尖锐复杂，大学生面临着大量西方文化思潮和价值观念的冲击的形势下，思想政治教育要以爱国主义教育为重点，深入进行弘扬民族精神的教育。此后，全球化背景下的高校爱国主义教育开始有了明显改观，并产生了质的变化。当然，这也和我国的综合国力大幅提升，开始准备走向和平发展的道路有关。

(二) 大学生爱国主义教育缺乏独立的课程作为支撑

大学生爱国主义教育归属于思想政治教育学的学科范畴之下，且不论这样的划分是否合理，在实际操作过程中也存在很多问题。因为在高校思想政治教育学的学科体系中，爱国主义教育没有独立的学科课程作为支撑，在实际操作过程中容易失去其独立的地位。有人认为，爱国主义教育作为凝聚民族精神、建立社会主义核心价值体系的重要内容，必须渗透于教育的每一个环节。这个观点固然有道理，但是，如果不注重对爱国主义教育本身的特点和规律的研究，没有对爱国主义教育自身质的规定性的深入研究，那么分散于各学科、各教学环节的爱国主义教育就缺乏必要的理论深度和内在的逻辑联系。这样的做法对于感性认识强于理性认识的中小学学生来说会产生良好的效果，但是对于具有自身的心理特点和相对独特的思维方式的大学生而言，则效果未必明显。由于大学生的爱国主义教育没有明确的学科课程作为支撑，爱国主义教育的理论性明显不足，只能凭借经验来认识理解和进行爱国主义教育，大学生难免对这种缺乏理论性和内在逻辑联系的爱国主义教育产生抵触情绪，所以爱国主义学科地位的边缘化是影响大学生爱国主义教育实效性的最主要的原因之一。

(三) 大学生爱国主义教育内容存在低水平重复的现象

传统的学科划分将大学生爱国主义教育归属于思想政治教育学，而在思想政治教育学的课程体系里没有爱国主义教育的独立地位，在“马克思主义基本原理”“毛泽东思想和中国特色社会主义理论体系”“中国近现代史纲要”“思想道德修养与法律基础”四门课程中，只有“思想道德修养与法律基础”这门课程里的第二章具体谈到爱国主义，其内容包括中华民族的爱国主义传统、新时期的爱国主义、做忠诚的爱国者。在“中华民族的爱国主义传统”中介绍了爱国主义优良传统的具体内容：“热爱祖国，矢志不渝；天下兴亡，匹夫有责；维护统一，反对分裂；同仇敌忾，抵御外侮”。在“新时期的爱国主义”中重点谈到爱国主义的时代特征以及经济全球化的爱国主义，还探讨了爱国主义与民族精神之间的关系。“做忠诚的爱国主义者”则重点在于教育大学生增强国防意识，将爱国主义落实到具体的行动中。在这些教学内容中，并没有引导学生从理论上认识民族精神的形成、发展，文化、宗教对于民族精神的影响。这一章里的爱国主义教育重点强调了“如何爱国”等具体问题，而对民族精神的产生、发展、现实表现、与爱国主义教育之间的关系等理论性比较强的内容没有深入研究。总的来说，在现有学科体系下唯一的一章有关大学生爱国主义教育的内容仍停留在感性的层面，这些内容在中小学“思想品德”课程里早就有过比较系统的教育，教学内容低水平重复，不但不能解决困扰大学生的理论性问题，反而使爱国主义教育流于形式，使大学生失去对爱国主义教育的认同感。

(四) 大学生爱国主义教育跟进滞后

大学生爱国主义教育的跟进滞后于国家、社会发展进步的步伐，跟不上时代发展的速度。我国正处在和平发展，由大国向强国过渡的时期，大学生爱国主义教育没有及时跟进，缺乏对大学生进行大国的责任与使命的教育、大国强国国民心态的教育、和平崛起的中国与世界关系的教育、如何认识与维护国家核心利益的教育、怎样面对和平崛起过程中顺境和逆境的教育等；没有及时引导大学生提升爱国主义的境界，没有把建设生态文明、维护安全稳定等纳入爱国主义教育内容，没有树立理性爱国是更高层次爱国境界的标志。

三、大学生爱国主义教育的加强和改进

高校要突出对大学生的爱国主义教育。在大学生当中开展爱国主义教育：一方面可以在大学生中弘扬和培育爱国主义，增强大学生的民族自尊心、自信心和自豪感；另一方面可以培养他们的忧国、报国的爱国情怀。

(一) 完善课程体系建设

高校是对大学生进行爱国主义教育的主阵地，其中理论课程教育又是进行爱国主义教育的最直接的教育方式。高校要以党和国家的有关政策为指导，结合时代特点与自身实际，完善课程体系，创新教育方法，深入开展实施爱国主义教育。

1. 加强教师队伍建设

教师承担着课堂教学的重要任务，教师水平与能力的高低直接决定教学的成效。“教师教育学生，一是知识，二是方法，三是品格，其中品格是最高层次。

教师要将爱国精神、事业心、责任感、团队意识、认真刻苦等品格，融入课堂、融入课题、融入文章，以高尚师德、人格魅力、学识风范教育感染学生，做学生健康成长的指导者和引路人。”可见，在爱国主义教育中，教师的教育与引导至关重要。因此，要加强教师队伍建设，提高教师质量。

2. 丰富课程资源，拓展教育渠道，创新教学模式

通过课堂教学，大学生能对爱国主义教育有一个直观、系统、全面的认识与接受。在课程的选择上，《爱国主义教育实施纲要》对爱国主义的相关理论课程做了规定，中宣部和教育部《关于进一步加强和改进高等学校思想政治理论课的意见》做了补充，在原有课程的基础上加入了“中国近现代史纲要”，使爱国主义教育的课程体系不断完善。

此外，爱国教育还应与其他专业课程相结合，间接对学生进行爱国主义教育。积极创造条件，开设中国历史、文学、艺术、科技等内容的传统文化选修课。开设以爱国主义教育为主要内容的专题讲座，充分发挥党团组织、学生会等学校骨干组织作用，开展形式多样、内容丰富的爱国主义理论教育活动。通过举办爱国主义主题班会、诗歌朗诵会、演讲比赛、先进事迹报告会等学生喜闻乐见的活动，拓展教育渠道，开辟爱国主义教育的第二课堂，对学生起到潜移默化的教育作用。

在进行爱国主义相关课程的教学中，如何提高大学生的积极性、主动性、互动性，提高教学的质量和效率是困扰广大教师的一个难题。只要不断创新教学模式、改进教学方法，从施教方做出创新与改变，这些问题就会迎刃而解，化于无形。在教学中要尊重大学生的主体地位，设置问题，使大学生各抒己见、表达自己的观点与看法，提升大学生的主动性与参与度。广泛利用教学资源，丰富教学内容。如把教材的文字内容以 PPT、教学短片、采访纪录片、电影等内容呈现给学生，贴近学生生活，远离照本宣科，杜绝强制灌输。

(二) 加强校园文化建设

安定有序的校园环境是开展爱国主义教育的基本保证。构建和谐校园，推动校园文化建设，是落实《爱国主义教育实施纲要》的有力举措，也是构建和谐社会的重要组成部分。

1. 加强组织领导，形成校园文化建设的合力

所谓大学校园文化建设的合力与共谋，除了内部合力问题之外，对于外部应该从两方面予以考察：一方面强调大学校园文化建设要与外部环境相适应，另一方面还要强调外部环境促进大学校园文化的建设与发展。大学校园文化建

设的合力与共谋必然是多方面、多层次、多角度的，并不是单打独斗，也不是闭门造车。从大学自身、大学与政府之间、大学与社会之间的关系出发，必须强调各级组织领导与形成合力之间的必然关系，而理想的关系状态则是通过加强各级组织领导，共同促成合力的形成。

在社会资源整合方面，政府作用是绝不能被忽视的。在大学校园文化建设方面，政府可以从自身职能出发，利用间接的宏观管理方式促进其建设发展。具体方式包括：一是政策方式，即通过制定相关政策来引导高校进行文化建设的行为；二是经济方式，即在拨款、资助、投资、奖励和招标等教育经费分配过程中通过合理的倾斜来提高文化方面的投入；三是信息服务的方式，即通过提供信息服务来使高校有选择地决策自己的行为；四是监督评价方式，政府教育部门通过检查、鉴定、评估等活动来对文化建设情况进行检查监督。只有内外兼修，调动多方面的积极性，才能整合资源，凝聚力量。

2．以爱国主义统领校园文化建设

(1) 校园物质文化建设。校园物质文化主要是指学校的基础设施等物化的文化形态。一所好的高校一定是拥有良好校园文化精神的学校。在物质文化层面，就是校园整体布局科学、合理，要注意校园绿化建设，要体现人文关怀，要注意教学区、实验区、宿舍区、活动区等协调建设。在一些标志性文化建筑中，高校要认真运用其来引导大学生树立爱国主义精神，高校可以利用公共场所的名人雕塑，陶冶大学生日常的精神生活。这些标志性建筑应该体现“真”“善”“美”的价值理念；可以将名人警句张贴于公共场所或室内。同时，高校的校广播电台、校电视台、校内网络、校报、校刊也应大力宣传爱国主义精神，使学生在潜移默化中受到爱国主义教育。总之，高校要加大对校园文化的“硬件”设施投入，充分利用好校园中的各种文化载体，增强爱国主义教育的影响力和辐射度。

(2) 校园精神文化建设。校园精神文化是大学的内隐文化，是在长期的校园物质文化、制度文化创造过程中积淀、整合和提炼出来的。校园精神文化包括学校所有成员的群体意识、舆论氛围、精神风貌、人生态度、心理素质、价值取向、人际关系、思维方式和教风学风等，高校要通过大学精神来体现爱国主义精神。在具体实施上，高校可以将爱国主义精神体现在校训、校歌、校徽、校标上，以一种奋发向上的精神鼓舞大学生、激励大学生，这也就是良好校风的建设。高校要使大学生形成自我教育的习惯，要尊重学生的首创精神，要使民主之风在学校中蔓延，要完善评价激励机制，要高调表彰先进、树立典型，使良好校风浸染每个大学生心灵。

(3) 校园活动文化建设。校园活动是第二课堂。高校要多为学生创设各种条件，使学生积极参与到各种校园文化活动中去。校园文化活动要弘扬主旋律，要贴近大学生的实际，体现时代特征。高校要充分利用“五四”青年节、“七一”建党纪念日、“十一”国庆节、“一二·九”运动纪念日等重大节庆日和纪念日，开展主题教育活动；高校要注意大学生社会实践这一环节，大学生在社会实践中可以接触社会、了解民意，可以增强社会责任感。这些精神文化活动，可以充实大学生精神生活，陶冶其伦理情感，升华其道德境界，使爱国主义精神得以弘扬光大。

(三) 拓展社会实践载体

理论联系实际是我们党的优良传统和作风。爱国主义教育不仅要有理论支撑，还须结合社会实践开展活动。以理论指导实践，靠实践升华理论，在二者的结合中把爱国主义教育不断推向前进。社会实践的形式有多种，主要有社会调查、志愿服务、勤工助学活动等形式。在加强社会实践时，要将爱国主义教育融入其中，主要表现在以下四方面。

1. 在社会实践中树立劳动意识，培养建设祖国的思想情感

高校要积极组织大学生参加生产劳动，使他们在劳动中学习和掌握基本生产知识和技能，把在课堂上所学到的知识与建设中国特色社会主义和谐社会的实际联系起来，做到学以致用，同时认识劳动的意义，树立劳动意识，把劳动看作是最光荣的，体验工农的思想感情，培养热爱科学技术、热爱劳动、热爱劳动人民的思想感情。

2. 在社会调查中，提高对人民对社会的思想觉悟

大学生参加社会调查活动，能够深入认识社会，对社会有客观准确的认识，了解中国的国情、民情，了解改革和建设的实际情况，从而加深对建设中国特色社会主义和党的路线、方针、政策的理解。在社会调查中，大学生会发现一定的问题，会看到我国经济与一些发达资本主义国家的差距，更重要的是能够透过现象看本质，认识社会主义制度的优越性，坚定共产主义信念，树立正确的政治方向，提高自身思想觉悟。

3. 在志愿者服务中树立为人民服务的观点

志愿者服务劳动包括义务劳动、文化培训、时事政策宣传、科技咨询服务、医务保健服务、技术攻关和科学普及等。通过组织大学生志愿者服务活动，高校可以培养大学生的社会公德意识、社会责任感使命感和集体主义精神，使大学生

自觉树立群众观点，践行群众路线。

4．在勤工助学活动中树立自立意识

勤工助学活动是大学生从自我教育、自我管理、自我服务和社会需要出发进行的一些有酬劳动。通过组织大学生开展勤工助学活动，高校可以培养他们热爱劳动、生活自主、经济自立的观念，提高独立生活、独立工作能力，使大学生养成劳动的好习惯，树立自立的意识。

（四）加强网络阵地建设

对于广大发展中国家来说，全球化是一把“双刃剑”，在网络安全领域这把“双刃剑”也有其十分明显的作用。大学生对国内外发生的重大事件十分敏感，这也是他们政治热情的表现。大学生容易接受新事物和新观念，但是受社会阅历的限制，他们辨别是非的能力有限，容易受到网络上不良信息和言论的影响，形成错误的认识。因此，网络是西方价值观渗透的重要手段。

加强大学生爱国主义教育，必须高度重视互联网传播阵地建设。一方面要坚持利用网络大力传播爱国主义，另一方面要用爱国主义的主流文化占领网络阵地。网络是一个虚拟空间，其特征在一定程度上方便了错误思想观点在此集散，一些有损于民族团结、祖国统一、中国特色社会主义建设的言论可以通过网络广泛传播。因此，要适应互联网快速发展形势，善于运用网络传播规律，把社会主义核心价值观体现到网络宣传、网络文化、网络服务中，用正面声音和先进文化占领网络阵地。推动中华优秀传统文化和当代文化精品网络化传播，创作适于新兴媒体传播、格调健康的网络文化作品；要依法加强网络管理，规范网上信息传播秩序，使网络空间清朗起来。

第三节　爱国主义教育是大学生思想政治教育永恒的主题

爱国主义是鼓舞人们为自己祖国的繁荣富强而无私奉献的巨大精神动力，是推动人们为祖国的荣誉和尊严、民族的繁荣和昌盛、人民的富裕和幸福而奋斗不息的巨大精神力量。作为新时期的大学生，要发挥爱国主义的伟大精神，勇于承担起建设富强、民主、文明、和谐、美丽的社会主义现代化国家的历史责任，努力为中华民族发展史续写新的光辉篇章。

一、爱国主义教育是思想政治教育的重中之重

(一) 党和政府历来十分重视大学生思想政治教育工作

新中国成立以后，废除了旧的教育制度，确立了党对高等学校工作的领导，从根本上改变了教育性质。从此，我国高等学校教育在继承老解放区优良传统、改造旧有教育制度的基础上，开始走上了由新民主主义教育转变为社会主义教育的发展道路。在这一阶段，我国初步建立了新中国的大学生思想政治教育体系。

1949 年 9 月 29 日，中国人民政治协商会议第一届全体会议通过的《中国人民政治协商会议共同纲领》，为新中国的大学生思想政治教育指明了发展道路和方向，明确了建设目标：从任务上说，要清除旧的思想影响，发展为人民服务的思想；从性质上说，是新民主主义的，即民族的、科学的、大众的；从内容上说，要以“五爱”(爱祖国、爱人民、爱劳动、爱科学、爱护公共财物)为核心，开展革命的政治教育。

党的十三届四中全会以来，高等学校在邓小平理论和“三个代表”重要思想的指导下，贯彻落实科学发展观，旗帜鲜明地反对资产阶级自由化，积极探索大学生思想政治教育的规律，大力推进思想政治理论课程改革，呈现出稳步发展的良好态势。

2005 年 1 月，党中央召开了全国加强和改进高校思想政治教育的会议，研究部署大学生思想政治教育工作，胡锦涛等中央领导同志出席会议并做重要讲话，形成了全党、全社会合力推进高校思想政治教育的强势。各地各部门和高等学校认真贯彻落实中央要求，结合本地区和本校实际，研究制定贯彻中共中央、国务院《关于进一步加强和改进大学生思想政治教育的意见》和会议精神的工作计划和实施方案，把高校思想政治教育放在全局性、战略性的位置上，充分反映了新形势下党中央以邓小平理论和“三个代表”重要思想为指导，加强和改进高校思想政治教育的方略。

党的十七大指出在新的发展阶段继续全面建设小康社会、发展中国特色社会主义，必须坚持以邓小平理论和“三个代表”重要思想为指导，深入贯彻落实科学发展观。同时，党的十七大还指出教育是民族振兴的基石，教育公平是社会公平的重要基础。要全面贯彻党的教育方针，坚持育人为本、德育为先，实施素质教育，提高教育现代化水平，培养德智体美全面发展的社会主义建设者和接班人，办好人民满意的教育。充分用马克思主义中国化最新成果武装全党，深入学习马克思列宁主义、毛泽东思想、邓小平理论和“三个代表”重要思想，深入贯彻落实科学发展观，在全党开展深入学习实践科学发展观活动，坚持用发展的马克思主义指导客观世界和主观世界的改造。

按照科学发展观的要求，坚持以人为本、统筹兼顾，全面协调可持续发展我国高等教育事业。

2012 年 11 月党的十八大在北京召开，这次大会旗帜鲜明，指导思想坚定，提出“解放思想，改革开放，凝聚力量，攻坚克难”的建设口号，对中国特色社会主义事业的发展具有历史性的重要作用，对于我们高校思想政治教育工作当然更具有指导意义。十八大报告指出：“要深入开展社会主义核心价值体系学习教育，用社会主义核心价值体系引领社会思潮、凝聚社会共识。……广泛开展理想信念教育，把广大人民团结凝聚在中国特色社会主义伟大旗帜之下。大力弘扬民族精神和时代精神，深入开展爱国主义、集体主义、社会主义教育，丰富人民精神世界，增强人民精神力量。倡导富强、民主、文明、和谐，倡导自由、平等、公正、法治，倡导爱国、敬业、诚信、友善，积极培育社会主义核心价值观。”因此，我们的思想政治教育工作，首要任务就是要把社会主义核心价值观武装到大学生的头脑里。思想就是灵魂，就是阵地，我们如果不用科学的、正确的社会主义核心价值观去教育青年学生，他们的思想阵地就会杂草丛生，影响他们的健康成长。

(二) 爱国主义教育是大学生思想政治教育的重要主题

毛泽东在谈到青年思想政治工作时曾提到，有道德的青年是真正的好青年、模范青年，有坚定政治立场的道德才是真的政治道德，“有一些人，他们嘴上道德、气节乱喊一阵，但在政治上是不坚定的，中途会变节的，这是无道无德。”中共中央在 2001 年印发的《公民道德建设实施纲要》中提出了“爱国守法、明礼诚信、团结友善、勤俭自强、敬业奉献”20 字要求，明确将“爱国”作为公民道德建设的实施规范。当今“以人为本、德育为先”的教育理念也将爱国主义教育作为大学生思想政治教育的重要内容。爱国不仅是政治问题，更是道德问题，是关乎国家与民族发展的重大问题，在思想政治教育过程中要培养学生“国家兴亡，匹夫有责”的责任意识。

2005 年，习近平曾以“同大学生谈人生”为主题，为高校学生做了一场报告。在报告中，他强调大学生要把爱祖国、爱人民、爱共产党、爱社会主义作为最起码的价值取向。先对自己和亲人负责，进而对民族、国家、全人类负责，做一个有价值、负责任的人。

《爱国主义教育实施纲要》对爱国主义教育的基本原则、教育重点、爱国主义基地建设等相关内容做了规定，提出：“把培养广大青少年的爱国主义感情，提高他们的爱国主义觉悟，引导他们树立正确的理想、信念和人生观、价值观作为思想政治教育的重要内容。”中共中央、国务院《关于进一步加强和改进大学生思想政治教育的意见》进一步明确了新形势下大学生思想政治教育的战略地位、指导思想、基本原则和主要任务，指出大学生思想政治教育的主要任务是：以理想信念教育为核心，深入进行树立正确的世界观、人生观和价值观教育；以爱国主义教育为重点，深入进行弘扬和培育民族精神教育；以基本道德规范为基础，深入进行公民道德教育，引导大学生自觉遵守爱国守法等道德规范。

《国家中长期教育改革和发展规划纲要(2010—2020 年)》再次强调要切实加强和改进大学生思想政治教育工作，在教育过程中，要加强以爱国主义为核心的民族精神和以改革创新为核心的时代精神教育，把德育渗透于教育教学的各个环节，贯穿于学校教育、家庭教育和社会教育的各个方面。

党的十九大报告中提出，要加强和改进思想政治工作，深入开展爱国主义、集体主义、社会主义教育，丰富人民精神世界，增强人民精神力量。

二、加强爱国主义教育，实现中国梦

(一) 深刻理解中国梦的内涵

2012 年 11 月 29 日，习近平总书记在国家博物馆参观“复兴之路”展览时，第一次提出了“中国梦”的概念。他指出：“每个人都有理想和追求，都有自己的梦想。现在，大家都在讨论中国梦，我以为，实现中华民族伟大复兴，就是中华民族近代以来最伟大的梦想。这个梦想，凝聚了几代中国人的夙愿，体现了中华民族和中国人民的整体利益，是每一个中华儿女的共同期盼。”

按照习近平总书记的论述，中国梦的基本内涵就是实现中华民族伟大复兴，具体来说就是要实现国家富强、民族振兴、人民幸福。这是中国梦的实践目标，是对中国梦具体内容的集中概括和总结，是对中国人民在现代化进程中关于国家、社会、个人理想的集中展示。从国家和社会层面上来把握，中国梦是民族复兴、国家强盛之梦；从个人层面上来把握，中国梦是人民生活幸福、人生出彩之梦。这三者相互联系、相辅相成：个体之梦，融会群体之梦；国家之梦，反映国民之梦。中国梦包含了全面建成小康社会的目标，也包含了建设社会主义现代化国家的目标，还包含了中华民族伟大复兴的目标。

(二) 爱国主义教育是实现中国梦的精神动力

从本质来看，中国梦和爱国主义都属于精神层面的范畴，是与中华民族特别是近代以来的历史发展进程相联系的重要精神力量。实现中华民族伟大复兴的中国梦是中国人民对国家、民族和人民生活未来美好前景的目标追求，与作为中华民族精神核心的爱国主义相映生辉，两者既有各自独特的内涵，又具有共同的精神价值追求。从理论层面阐述中国梦和爱国主义的辩证关系，是倡导爱国的必然要求，对于在中国梦的精神旗帜下推进中国特色社会主义伟大事业、早日实现“两个一百年”的奋斗目标具有十分重要的意义。

爱国是实现中国梦的精神动力。伟大的梦想，需要伟大的精神作支撑。实现中国梦，要求我们不仅在物质上强大起来，也要在精神上强大起来。爱国主义始终是把中华民族坚强团结在一起的精神力量。中华民族在与外部世界的交往中，尤其是在民族矛盾取代阶级矛盾成为社会主要矛盾时，爱国主义表现为“有同自己的敌人血战到底的气概，有在自力更生的基础上光复旧物的决心，有自立于世界民族之林的能力”。建设中国特色社会主义，谱写中华民族发展史上最壮丽的篇章，实现中华民族伟大复兴的中国梦，需要进行爱国主义教育，把全民族的爱国主义精神提升到一个崭新的高度。

(1) 爱国主义教育可以增强全国各族人民实现中国梦的共识。作为民族精神的核心，爱国主义是一个民族在长期的历史活动中形成了一个民族意识、民族心理和民族文化。中华民族在五千多年漫长而曲折的历史发展中，经历分合、战乱的磨炼，民族不断融合并日益紧密，国家日益凝聚巩固，中华儿女对祖国的归属感、认同感日益深厚强烈，积极倡导爱国，进一步增强全国各族人民的凝聚力、向心力，能够更加强化中华民族复兴的意识，让更广大的人民群众认识到中国梦是中国人民共同的追求、是每个中国人的梦，从而真正同筑梦、共圆梦。

(2) 爱国主义教育可以提振全国各族人民实现中国梦的精气神。精气神是由内而外的一种状态、一种气质，是表现出来的活力。实现中国梦，绝不会一帆风顺。面对困难多、矛盾多而复杂的现实，需要有“苦战能过关”的思想。爱国主义蕴含着中华儿女对祖国、对人民的热爱，饱含着奉献祖国、服务人民的赤子之情，包含着不畏艰难、舍生取义的牺牲精神。这种精气神始终绵延不绝、历久弥新。早日实现中国梦，就需要爱国情怀的热情不减、大力激发，以爱国升华个人梦想、聚焦国家追求，努力把 14 亿个鲜活生动的个人梦想百川归海汇成中国梦，从而激发为实现中国梦而团结奋斗的豪情。

(3) 爱国主义教育可以激发全国各族人民实现中国梦的意志。意志是人自觉地确定目的，并支配行动、克服困难、实现目的的心理过程，即人的思维过程见之于行动的心理过程。一代代中华儿女团结在爱国的旗帜下，为了民族独立、国家富强奋起抗争，不畏艰难、不怕牺牲，才有了今天中国梦的光明前景，才有了比任何时期都更有信心、有能力实现这个目标的境界。尽管如此，中国梦的实现必然也必将面临这样或那样的困难和挑战，甚至严峻的风险和考验。在这种艰巨复杂的发展环境中显然不能缺少意志。进行爱国主义教育，引导每个人在大是大非面前守住爱国底线，发扬爱国主义蕴含的百折不挠、矢志不渝、敢于斗争、勇于牺牲的精神，为实现中国梦提供强大的意志支撑，从而战胜前进道路上的重重困难，必将推动中国梦的早日实现。

第四节 大学生爱国主义教育重点问题的研究

爱国主义是中华民族的传统美德和社会主义核心价值观，是凝聚社会民心的重要思想基础和推进社会发展的内在动力，是国家软实力的基本构成要素。教育和引导青年大学生具备爱国主义精神，使之成为中国特色社会主义事业的合格建设者和可靠接班人，是高校义不容辞的责任。

一、突出爱国主义的教育重点

(一) 中华民族的文明历史教育

历史是不能割断的，只有懂得历史才能正确地了解现在和展望未来。我们要讲中华民族发展史中的曲折，更要讲近百年来我国的屈辱史，讲现代中国革命史，讲新中国的艰苦创业史，使人们懂得，特别是使当前的大学生懂得，新中国来之不易，社会主义建设成就来之不易，知道我们国家有今天，是多少先烈付出了鲜血和生命，亿万人民进行了多么艰巨的劳动。还应当注重讲杰出人物个人的历史，讲杰出人物、英雄模范的奋斗史、贡献史。因为这样的史料最真切、最实际，也最感人，同时又包含着这些人物的世界观，也最容易引人效法、学习，具有潜移默化的作用。学习革命先烈为了共产主义的实现而不惜抛头颅、洒热血的精神，学习新时期各条战线上涌现出来的先进人物和事迹，能够使大学生更好地认识过去，立足现在，展望未来。

(二) 中华民族优秀传统文化教育

中华民族是一个有着五千年悠久历史的伟大民族，我们的祖先通过世世代代的辛勤劳动创造出了光辉灿烂的历史文化，这是我们中华民族的历史瑰宝，是对大学生进行爱国主义教育的重要内容。古老的《尚书》中，周武王在《泰誓》里就提出“民之所缺，天必从之”的思想，强调要尊重人民的意愿和要求。古老的《周易》和《老子》充满辩证思想，至今为世界许多国家所研究和运用;《孙子兵法》和我国古代其他许多兵家的著述，至今被许多国家的军事学院定为必读书之一，而且被广泛应用于企业和市场竞争，显示出它们的无限生命力。在近代，我们落后了，但在新中国成立不久，我们自力更生制造出“两弹一星”。我国在尖端科学、尖端医学等方面，有许多重大突破，居于国际领先地位。在当代，随着全球化浪潮的兴起，具有不同历史传统和民族特色的文化之间的碰撞和交融，将更加广泛、更加频繁、更加激烈、更加深入。一个国家在全球化浪潮中能否保持其优秀民族文化，不仅关系到本民族文化的生存与发展，还关系到国家的命运和前途。一些西方国家借全球化之机，凭借其雄厚的经济实力和信息高科技优势，打着“文化全球化”“文化一体化”的旗号，大肆推行文化殖民主义，以达到损害别国本土文化的目的。因此，我们要引导大学生继承和发扬中华民族优秀文化传统，培养大学生对民族文化的热爱和认同，增强大学生的民族自尊心、自信心和自豪感，使大学生在西方文化霸权主义面前，自觉保护和弘扬本民族文化，维护国家的利益。

(三) 保护国家安全教育

国防素质是每个大学生应当具备的基本素质之一。当代高校大学生作为社会主义事业的建设者和接班人，要不断增强国防观念，心系国家安危，肩负起保家卫国的重任。在当今和平与发展的时代主题下，在总体国际局势缓和的态势下，局部的冲突还是有的，特别是恐怖主义危害上升，霸权主义和强权政治有新的表现。我国在和平发展道路的征程中，会遇到各种风险和挑战。我们在集中精力搞发展的同时，必须大力加强国防军队建设，为捍卫国家主权、领土完整、维护国家利益提供有力的保障。大学生是社会主义现代化建设的有用人才，同时也是国防建设的后备人才，必须具有很强的国防观念与忧患意识，积极关心国防、热爱国防，努力为国防和军队现代化建设贡献智慧和力量。

(四) 民族平等团结教育

中国是一个多民族国家，对大学生进行深入的民族平等团结的教育对维护民族团结和国家的稳定是非常重要的。我们国家共有 56 个民族，虽然各民族的人数有多有少，并不均衡，但是各民族之间相互依存，不可分割，并无高低贵贱之分。每个民族都享有相同的权利，履行相同的义务。民族平等团结教育主要包括以下方面内容：

首先，要让大学生明白，56 个民族都是优秀的、勤劳的、富有智慧的民族，民族之间没有优劣之分、贵贱之别，谁也离不开谁，各民族都享有平等的权利，履行相同的义务；还要让他们明白只有加强民族团结，才能消除民族隔阂和民族歧视，真正地实现平等；民族团结也是实现国家统一的前提和保证，要让他们了解到民族平等和民族团结是社会稳定、国家昌盛和民族共同繁荣的基础，中华民族是一个同呼吸、共命运的整体，合则兴，分则衰。

其次，对大学生进行民族区域自治制度教育，旨在对他们进行民族基本制度教育，在国家的统一领导下，少数民族在聚居的区域内设立自治机关，自主地管理本民族本地区内部事务，行使自治权，从而体现其主人翁地位，发展平等、团结、互助的社会主义民族关系。民族区域自治制度是实现民族平等、民族团结和各民族共同繁荣的法律保障。

最后，对大学生进行各民族共同繁荣的教育，要让他们认识到民族地区的现代化与全国其他地区的现代化，民族地区全面小康的实现与全国其他地区全面小康的实现是密切联系的，相互促进的，各民族的繁荣将使中华民族立于世界民族之林，各民族地区的繁荣将使整个国家的社会主义现代化实现；要让他们认识到各民族共同繁荣是指各民族在政治、经济、文化和社会等各方面得到全面发展进步，而不单单指某一方面；要使他们认识到经济发达民族和地区帮助少数民族和民族地区发展经济文化事业，从而实现共同发展，是责无旁贷的义务。

二、大学生理性爱国教育

由于当前经济全球化使得国家利益的实现极其复杂，国家之间相互依赖且高度开放，加之爱国主义表达方式多元化，导致简单地使用感性、本能地去表达爱国热情，往往以爱国之名，行误国之事，适得其反。因此要教育大学生爱国须理性。在爱国主义教育过程中既要防止“人权大于主权”“国家虚无主义”等思潮对爱国主义情感的削弱，又要防止爱国主义情感的非理性表达。

(一) 健康的国民心态

经济全球化时代，我们需要健康的国民心态，不能做大国小民，而是做心理成熟、心态健康的大国国民。

(1) 自尊自信，不卑不亢。理性爱国以自我尊重为前提。一个国家只有拥有自尊心，才能成功保持民族的独立与尊严。保持民族自尊是理性爱国的基础和心理底线。没有自我尊重，就难以获得他人的尊重和认可。自信，就是要抛弃错误的民族虚无主义历史观，就是坚信历史的合理性存在，树立民族自信心，开创新的历史征程。自尊自信，不卑不亢，体现在国际交往中，就是尊重自己的同时，也要尊重他国的合法权益和合理诉求。既不盲目崇拜发达的超级大国，不献媚于比自己发达的国家和他国国民，不自卑，不自怨自艾，不悲观失望，也不无视甚至歧视其他弱小国家，不在弱者面前逞强，盲目自大。正确的心态是坚持和平共处、平等交往、互利互惠，坚持世界文明与文化的多样性，自尊并尊重他人。

(2) 从善如流，包容大度。今天的大学生应拥有大度包容的胸怀，从善如流，有则改之，无则加勉，那种动辄上纲上线、极端偏激，把正常批评上升到政治和国家关系高度的行为，不仅不利于中国国民和国家形象的培养，而且容易影响健康的中外交往。

(3) 中国立场，全球意识。经济全球化时代的爱国主义教育，在培养人们对祖国和本民族的忠诚和热爱的同时，还要培养人们的全球意识和开放的精神品格，培养不同国家、不同民族之间的相互依存与合作意识，对不同文化、不同价值观念的尊重与宽容态度，以及在人类活动中的参与合作的精神。

(二) 客观而辩证的情感认知

(1) 正视世情变幻，理性辨析。要能正视世界发展的潮流和趋势，理性辨析西方先进国家经济、文化和政治制度方面取得的成就。一方面，要客观认识世界发展的历史大趋势，和平与发展仍然是这个时代的主题，经济、信息科技和人才的竞争异常激烈。在世界多极化的趋势中，一超多强的格局将长期存在，军事霸权主义、文化霸权主义等依然十分突出；另一方面，要客观看待西方文化与民主政治制度。

(2) 正视群己关系，合理定位。爱国主义是发生于个体与国家这个大的群体之间的一种基本的伦理关系。爱国主义应当成为个体内心的自愿选择，从文化心理的角度去理解和践行爱国主义，是大学生理性爱国的重要基础。

(三) 以理性行为表达爱国情感

作为大学生，应不断增强自身适应与驾驭经济全球化的素质与能力。

(1) 要具有观察与思考问题的全球视野，将中国放在世界格局中，了解和掌握世界政治经济和文化的游戏规则。要去遵守和驾驭游戏规则，为我所用，前提是掌握和了解国际规则，这是经济全球化时代中大学生应该注意培养的基本能力。

(2) 具备掌握经济全球化的素养。经济全球化已经深刻影响到人类的思维方式、生活方式和职业选择，我们的日常生活及职业生活都难以离开经济全球化的境况、发展机遇甚至挑战。作为新世纪的大学生，要了解经济全球化的起源、动力与本质，发展进程，问题与挑战等，思考应对之道。

(3) 具备全球知识储备，了解世界地理、历史以及国际时政、多国语言、国际礼仪和国际经贸实务等。当代大学生除了学习专业知识，还应广泛涉猎世界各国民族文化、历史和地理等知识，学习国际礼仪与国际经贸实务，掌握多国语言，密切关注国际形势和国际政治、文化的发展趋势，具备全球知识储备。

(4) 要具备多方面技能，包括国际交往、谈判与协商、批判创新、信息处理、对话合作和终身学习等。当代大学生除了具备基本的职业技能外，还应该具备国际交往中的沟通、对话和谈判等能力，掌握全球沟通、信息处理的技术和能力，具备终身学习的能力。

(5) 具备全球价值观素质，包括关心地球、维护人权、尊重生命、公正和睦、明礼诚信等。当代大学生除了要坚持中国特色社会主义的核心价值观，还要不断提高自身修养，吸收东西方文化中的精华精髓，具备国际交往中较具有普遍性的价值观念和意识。

(6) 具备遵守国家规则和修改国际规则的能力与素质。要在遵守国际行为规则的基础上，提高能力与素养，善于创建新的国际规则。

三、教育大学生正确认识各种错误思潮的现实表现及实质

在全球化进程中，世界上不同民族、不同国家的意识形态处于一个开放的、相互比较的语境中，同时西方思潮也传入我国。其中一些错误的思潮对马克思主义在我国的指导地位造成了挑战，严重威胁了我国的意识形态安全。大学生虽然有政治热情，但由于尚处在世界观成熟的过程中，缺乏必要的鉴别能力，容易被假象所迷惑。因此，正确认识各种错误思潮及其危害就成为加强大学生爱国主义教育的重点。影响较深、传播范围较广的西方社会思潮主要是新自由主义思潮、民主社会主义思潮和极端个人主义思潮。

(一) 新自由主义

自由主义思潮产生于 17—18 世纪英国和法国反封建专制的资产阶级革命时期，是在自由主义的基础上发展演化而来的，是资本主义的核心价值体系和主流意识形态。

新自由主义是在亚当·斯密古典自由主义思想上建立的一个新理论体系，在 20 世纪 30 年代开始形成和发展，以西方经济学家弗里德曼等人为代表，新自由主义在 80 年代以后在西方取得优势和主导地位，对一些主要西方国家的政府决策产生了重大影响。新自由主义的主要观点有四个：一是主张经济自由，反对国家干预；二是维护资本主义的私有制，反对实行公有制；三是宣扬全球经济和市场的一体化；四是主张福利个人化，反对福利国家。

新自由主义的特征主要有三点。一是经济推行中的双重标准。新自由主义虽然主张商品、服务、资本、货币的跨国自由流动，要求其他国家放开市场管制，但是，西方发达国家没有彻底实行新自由主义。一方面，在西方发达资本主义国家，自由竞争导致了资本的集中和垄断，从而间接限制了自由的竞争，导致社会两极分化，引发了大量的社会矛盾；另一方面，在国际贸易中，以英、美为首的西方发达国家通过政府补贴、非关税壁垒等措施搞贸易保护主义，保证本国资产阶级利益。二是政治上推销自己的政治范式。新自由主义在政治上特别坚持“三个否定”，即否定公有制，否定社会主义，否定国家干预，强调交换正义，企图

以普遍原则的法制来实现社会正义。因此从这一点出发来看，新自由主义理论不仅仅是一个经济理论，还是一个政治方面的理论。民主体制社会鼓励自由市场，通过减少国家对经济运行进行限制的手段来取得进步。表面上来看，新自由主义是要维护作为人类最高价值准则的自由，但实际上，新自由主义维护的只是资产阶级自身的利益。这就决定了新自由主义必然走向政治保守主义，实行政治专制主义。三是在策略上为国际垄断资本开辟市场。

新自由主义企图以经济全球化为手段逐步推行以超级大国为主导的全球政治、经济、文化的一体化，最终实现以代表国际垄断资本利益的发达资本主义国家处于全球化核心地位的目的，拓展发达资本主义的垄断市场。新自由主义企图通过一系列国际政治、经济制度的干预，借助国际货币基金组织、世界银行、世界贸易组织等国际经济组织，达到为国际垄断资本利益服务的目的。

在以哈耶克为代表的伦敦学派和以弗里德曼为代表的货币主义学派的大力鼓吹下，新自由主义在西方社会的地位开始不断上升，并逐渐成为西方发达国家占统治地位的思想和意识形态。新自由主义作为对凯恩斯主义的继承和批判，有它自身合理的成分，但由于它主张贸易经济自由化、市场定价(使价格合理)、消除通货膨胀(宏观经济稳定)和私有化，所以本质上是在维护资本主义，因而对发展中国家特别是对社会主义国家来说，就是西方发达国家控制和剥削发展中国家的一种工具和手段，是另一种“新帝国主义”。这种社会思潮对社会主义国家的经济体制改革、意识形态建设都带来很大的冲击和影响。

(二) 民主社会主义

民主社会主义是从社会民主主义一词演化而来的，它经过了一个发展的过程。在19世纪中后期，受马克思的影响，欧美国家建立了一些具有社会主义性质的政党，对资本主义的生产关系和政治制度持批判和否定的态度。19世纪末，俄国十月革命爆发后，欧美国家走上了改良主义和修正主义的道路。但这一时期，民主社会主义对社会主义代替资本主义，建立公有制，推行国有化的社会主义道路还是赞成的。第二次世界大战以后，各国社会党在1951年组建了社会党国际，发表《法兰克福声明》，标志着民主社会主义与科学社会主义的正式决裂，它成了与科学社会主义相对抗的意识形态，在实现社会主义的手段、目标等方面开始与科学社会主义有了本质的不同。1959年德国社会民主党在《哥德斯堡纲领》中提出自由、公正、互助是社会主义的基本价值，并很快被各国社会党和社会党国际所接受。从此以后，民主社会主义与马克思主义已经成为两种根本不同的思想理论体系。民主社会主义或社会民主主义是基于对资本主义的否定而产生的，但是这种否定不是从根本上的否定，只是认为资本主义可以通过改良产生一种新的社会制度，即所谓社会主义。由此可以看出，民主社会主义实质上是一种改良的资本主义，它与科学社会主义是不同的，有着本质的区别。因此可以说，民主社会主义的本质是反对马克思主义的，并企图与资本主义共同生存，这显然与马克思主义以推翻资本主义建立共产主义为目标有着本质的区别。民主社会主义目前在中国危害极大，主张指导思想的多元化，大肆鼓吹中国要实行私有制。更有甚者，民主社会主义认为，只有民主社会主义才能救中国，中国已经走上了民主社会主义的道路。对此，我们要认清其本来面目，对它严厉批判。

(三) 极端个人主义

极端个人主义思潮是在经济全球化的过程中，伴随着中国市场经济的建立和发展，掺杂在形形色色的西方社会思潮中涌入中国的。在改革开放的过程中，极端个人主义开始在我国逐渐泛滥起来。个人主义或极端个人主义并不是西方特有的社会思潮，而是一种在东西方、古代和现代都存在的人性特征。在中国古代就有关于人性善恶的辩论，具体来说，就是集体主义和个人主义的纷争。在私有制消除以前，这种思想在中国也一直都存在。同样，在私有制占主体地位的西方，个人主义或极端个人主义更是始终存在的。在资本主义社会里，追求利润的最大化是资本的唯一属性，反映在人与人的关系上，就是最大限度地保护自己的利益，因而极端个人主义思想在资本主义社会里也得到了最大的发展。

在当代的中国，在经济全球化的背景下，资本主义的这一思想逐渐传入中国，加上中国的封建主义思想仍有残存，中国正处在建立社会主义市场经济的社会转型时期，在建立社会主义市场经济的过程中，由于我国的经济体制发生了深刻的变化，利益格局发生了深刻的调整，因此这种社会思潮在中国仍有较大的市场。在这种条件下，个人与社会的关系在某些人看来是模糊不清的，有些人不能正确处理个人与社会的关系，这就引起了极端个人主义思想的复苏。这种思想对我国的主流价值观有着消极的影响，极端个人主义不可避免地导致拜金主义、享乐主义。以这样的观点为世界观的人主张金钱万能，金钱至上。在他们眼里，金钱能够使之得到任何想要的东西，全然不顾法律、道德、是非、荣耻的约束。他们主张及时行乐，得过且过，只对自己负责，全然不顾自己的社会责任和义务。极端个人主义是资产阶级自私自利的世界观、人生观在生活方式上的表现，对大学生的思想造成严重的不良影响。

(四) 历史虚无主义

虽然历史虚无主义只是史学研究中的支流，但也需要我们认真对待，因为持这种主义的一些人，具有很强的现实目的性，是按照他们的要求，对历史进行“改造”。历史虚无主义消解了我国的主流意识形态，对人们的思想产生不良的影响，它适应西方反共势力“西化、分化”中国的战略目的，其真实目的无非是要颠覆人民民主专政的社会主义制度，在“三权分立”的西方民主模式下实现控制中国市场、攫取中国财富的目的，从根本上动摇社会主义中国的立国之本和强国之路。

第二章　大学生理想信念教育

理想信念是人生的方向，是激励大学生不断前进和超越自我的动力，加强对大学生的理想信念教育，有助于青年学生世界观、人生观和价值观的良好建立。理想信念教育是新时期思想政治工作的核心内容。习近平总书记强调“理想信念就是共产党人精神上的‘钙’，没有理想信念，理想信念不坚定，精神上就会‘缺钙’，就会得‘软骨病’”，坚定的理想信念就要依靠教育引导。因此，对大学生进行理想信念教育就显得尤为重要。

第一节　理想信念教育的文化内涵及重要地位

习近平总书记强调，理想信念是一个国家、民族、政党团结奋斗的精神旗帜，理想信念动摇是最危险的动摇。因此，理想信念教育在思想政治教育中占有核心的地位，要充分发挥党的政治优势与优良传统，对当代大学生进行理想信念的教育，让理想信念教育深深植入每一个学生的心中。

一、理想和信念的内涵

（一）理想

理想是人类特有的一种精神现象，是与社会关系的发展以及社会实践的成效有着紧密联系的一种现象。在人们对客观世界的改造过程中，会产生物质追求和精神需求，人们不仅希望能够满足眼前的物质和精神需求，还对未来的生产生活目标有一定的憧憬，这一憧憬和期盼形成了理想。

理想总是围绕着一个总的奋斗目标，它不仅指导着人们的实践活动，对实践的成败起着重大作用，同时也对人们改造世界有着重大的影响。

（二）信念

与理想一样，信念也是人类特有的一种精神现象，是集合了人的认知、情感以及意志的统一体，是人们对事物有一定认识之后，产生的情感上、思想上的深信不疑的一种感情，这也是一种身体力行的心理态度和精神状态。理想是对信念的支持，信念是对理想目标追求的强大动力。信念是对某种观点主张的完全接受与坚信，表达的是一种信任的态度，是人们全身心的认同与接受，是信与行的统一。科学的信念是真理与价值的统一，体现了人们对美好未来的憧憬和对真、善、美的追求；科学的信念是以对事物发展规律的正确认识为基础，并且在时间的进程中不断完善并检验的。因此，信念才能成为理想的支持，成为人们追求理想目标的强大动力。

(三) 理想信念

理想信念是一个综合概念。我们所说的理想信念，特指社会主义-共产主义理想信念。这一理想信念包括两方面的内容：一是社会主义必然胜利和共产主义必然实现的理想，给人们以无限的动力与激情，激励人们在有限的时间内不断追求人生的目标，超越自身的局限；二是在现实生活中人们执着追求的理想目标，这会对人们当下的生活产生价值导向，不断指导人们在现实生活中通过自身的实际行动为共产主义的伟大理想不懈奋斗。共产主义的理想是建立在马克思主义的信仰和一系列的社会主义价值观念的基础之上的，唯有在现实中坚持对马克思主义的信仰，在现实中不断奉行社会主义价值观念，才能最终实现共产主义的理想。共产主义理想是人生的远大、正确的理想，并不仅仅是因为共产主义理想的科学性、合理性，而且更主要的是因为真正具有共产主义理想的人，在实际的社会活动中，能正确地处理索取与奉献、享乐与创造、个人与他人、个人与社会等各种人生矛盾，表现出高尚的道德情操和思想境界，成为理想人格的化身和别人学习的典范，从而最大限度地实现自我价值和社会价值。

二、理想信念教育的内容

大学生理想信念教育的目标在于引导大学生树立正确的个人理想与社会理想，引导大学生把个人的成长进步同中国特色社会主义伟大事业、同祖国的繁荣富强紧密联系在一起，坚定他们为理想坚持不懈奋斗的信念。大学生理想信念教育的目标决定其内容。因此，我们可以把大学生理想信念教育的基本内容主要概括为以下几方面。

(一) 马克思主义基本理论教育

理想与空想和幻想不同，理想是建立在客观认识与规律之上的一种个人期望，理想体现着个人对社会的清醒认识和对社会发展规律的正确把握。科学的理想信念是在科学理论与客观实际的双重作用下形成的，缺少任何一个方面，理想信念都可能会发生方向上的偏移。大学生思想政治教育要通过科学的理论教育与引导，帮助大学生树立科学的人生理想。不断加强马克思主义等科学理论的教育，也是为了保证大学生个人理想的科学性和合理性。

马克思主义是人类认识社会、改造社会的科学工具，在马克思主义理论的指导下，我们可以不断推动社会向前发展。马克思主义传入中国后，在毛泽东等人的发展与不断创新中，与中国革命具体实践相结合，促进了我国新民主主义革命的胜利，并诞生了伟大的毛泽东思想，在其指导下古老的中国走上了一条彻底摆脱贫穷、落后的光明大道。三个代表重要思想是进入新时期党对马克思主义理论的又一次拓展和阐释，为我国新时期的社会主义建设提供了强有力的理论基础；社会主义核心价值观是党和国家领导人在面对巨大的社会变革中，总结出的规律，既是我国社会主义现代化建设的基本要求，也是实现中华民族伟大复兴的理论基础。

党的十九大分析了国际国内形势发展变化，回顾和总结了过去五年的工作和历史性变革，把习近平新时代中国特色社会主义思想写在党的旗帜上，确立为党必须长期坚持的指导思想，实现了党的指导思想的又一次与时俱进。这一重大理论成就具有重大政治意义、理论意义、实践意义。

(二) 党的基本路线教育

党在社会主义初级阶段的基本路线：领导和团结全国各族人民，以经济建设为中心，坚持四项基本原则，坚持改革开放，自力更生，艰苦创业，为把我国建设成为富强、民主、文明、和谐、美丽的社会主义现代化强国而奋斗。

1. 对大学生进行党的基本路线教育的根本目的

大学生思想政治教育的根本目的是让大学生认识到社会主义道路的科学性，建立大学生对我国社会主义建设事业的信心，教育他们坚决拥护党的领导，教育他们为社会主义现代化建设而奋斗。

2. 对大学生进行党的基本路线教育的一般目的

对当代大学生进行党的基本路线教育，目的是让大学生深刻认识与了解我国的现实任务，深刻理解经济建设的重要性，深刻认识到社会主义道路是中华民族走向富强和繁荣的必然选择。党在 90 多年的革命与建设过程中，积累了很多宝贵的经验，大学生要深刻认识并尊重这些无数前辈积累下来的智慧，并学会结合我国当前社会主义现代化建设实际情况，对这些经验进行合理的选择与运用，这是当代大学生必须要掌握的。

(三) 中国革命、建设和改革开放的历史教育

在社会主义革命与建设过程中，前辈们充分发扬了大无畏的革命精神和艰苦朴素的建设精神，吃苦在前，享受在后，他们用自己的实际行动诠释着作为共产党员的光荣与使命，当代大学生应该充分学习前辈们在革命与社会主义建设中体

现出来的精神。大学生虽然有较多的理论知识，但是缺少社会实践经验，他们缺乏对事物的判断能力，在现实生活中，遇到社会问题易对原本的认知产生一些怀疑，在大学生思想政治教育中我们要引导大学生树立正确的认识，帮助他们建立起科学的人生观与价值观。

我国的革命和建设经历了长期的艰苦奋斗，在艰苦卓绝的环境下，中国共产党带领全国人民取得了伟大的胜利与成就，这是大学生思想政治教育的理想教材；在建设社会主义现代化的过程当中，涌现出了一批懂技术、能钻研的优秀代表，这些先进典型也是当前大学生思想政治教育的重要内容，能够激励大学生不断前进，不断超越自己。

（四）基本国情和形势政策教育

1. 基本国情和形势政策教育的目的

高校通过不同的途径对大学生进行思想政治教育，比如对大学生进行基本国情和形势政策的教育，让他们认识到我国社会主义现代化建设的辉煌成就，以及存在的问题。大学生通过对我国基本国情和形势政策的学习，能够正确认识我国社会主义建设的基本状况，深刻理解当前的基本矛盾，从而有计划、有目的地对自己的学业、人生目标和社会追求进行调整，为我国社会主义现代化建设做出贡献。通过对大学生进行基本国情和形势政策教育，可以帮助他们认清形势，进一步理解党和国家的政策，为他们更加全面地走向社会奠定基础。

2. 基本国情和形势政策教育的开展

对高校学生进行形势政策教育，有助于他们了解国际国内的形势变化，同时对他们关注的当下热点和难点问题进行认真解答，帮助他们认识社会主义发展的历史进程，并对资本主义的发展进程有更深层次的了解，是十分重要且有着重大意义的一项工作。我国社会主义的改革实践过程深刻持续影响着人们的思想行为，国际大背景和国内政治斗争，也是对人们的思想有着重大影响的应该重点进行教育的内容。

三、进行理想信念教育的重要性

（一）理想信念教育影响学生的成长成才

理想信念教育贯穿于一个人成长成才的全过程，大到国家的经济和谐发展，小至自我价值的实现。大学生是祖国的希望、民族的未来，大学生的成长成才直接关系到我国现代化建设的成败。邓小平曾指出：我们一定要经常教育我们的人民，尤其是我们的青年，要有理想。为什么我们过去能在非常困难的情况下奋斗出来，战胜千难万险使革命胜利呢？就是因为我们有理想，有马克思主义信念，有共产主义信念。理想信念教育要和大学生的成长成才结合起来，既要尊重大学生成长成才的规律，又要贴近大学生的实际生活，因材施教。

1．理想信念教育是大学生成长成才的内在要求

大学生作为社会的特殊群体，具备扎实的专业基础知识，这就决定了大学生在知识经济时代将发挥重要作用。大学生不但要具备扎实的专业基础知识，而且还要具备较高的思想道德素质，而理想信念教育又是思想政治教育的核心。大学生在成长成才的过程中，会遇到来自学习上、经济上、就业上的各种压力。一些学生进入大学，认为自己的理想已经实现了，从高中的紧张状态中解脱出来了，无拘无束，逐渐地失去了学习的动力，导致考试挂科、重修、留级甚至退学，荒废了学业。部分经济困难的学生不能正视家庭条件，抱有消极厌世的心态，认不清困难只是暂时的。此外，高等院校的扩招政策使得就业压力日益严重，社会招聘中的个别不公平现象影响了毕业生找工作的积极性，自我认知和社会需求之间出现矛盾。这些问题的出现导致大学生的理想信念不坚定，不能正视自我。

2．坚定理想信念，助推大学生成长成才

首先，坚定理想信念，帮助大学生在成长成才的道路上明辨是非。只有坚定了理想信念，大学生才能正确看待社会上的各种现象，才能在竞争日趋激烈的社会中，抵制各种不良思想和诱惑，发挥自己的聪明才智，实现自己的人生价值。

其次，坚定理想信念，帮助大学生在成长成才的道路上奉献社会。正确的理想信念，才能激励大学生刻苦钻研，不断探索新领域，把所学的专业知识用于社会实践当中，争取在现代化建设中早日建功立业。

再次，坚定理想信念，帮助培育大学生在成长成才道路上的务实进取精神。在社会主义现代化建设中，会遇到各种各样的挫折，正确的理想信念，能够帮助大学生认识和对待前进道路上的困难，立足现实，脚踏实地，为崇高的理想不懈努力。

最后，坚定的理想信念，能够帮助大学生肩负起中华民族的伟大复兴使命。唯有树立正确的理想信念，才能不断在多变的国际环境中培养出符合社会主义建设的合格人才，肩负起中华民族复兴的伟大历史使命。

(二) 理想信念教育有助于弘扬中华民族精神

民族精神是一个民族在长期共同社会实践中形成的民族意识、民族心理、民族品格和民族气质的总和。中华民族精神根植于博大精深、源远流长的中国传统

文化，是我国劳动人民在长期社会实践中积淀下来并发扬光大的精神财富。

中华民族之所以能够经历磨难而生生不息，是因为中华民族是一个充满理想信念的民族。为了民族的尊严和气节，文天祥发出了“人生自古谁无死，留取丹心照汗青”的感叹；谭嗣同的“我自横刀向天笑，去留肝胆两昆仑”的浩然正气，五千年的中国历史培养了厚重的民族精神。中国近现代史既是一部屈辱史，又是一部救亡图存的奋斗史。鸦片战争，帝国主义打开了中国的国门，中国的各个阶层都进行了不同程度的改革和维新：以魏源为代表的开明地主阶级提出了“师夷长技以制夷”，但是没有被当时的统治者采纳；洋务运动学习西方的先进技术以实现富国强兵，甲午中日战争的失败宣告洋务运动破产；维新变法的政治变革因为在中国水土不服，也纷纷失败，这些都触犯了统治阶级的利益，没有从根本上推翻封建统治。孙中山领导的辛亥革命推翻了两千多年的封建帝制，建立“中华民国”，但革命果实被袁世凯窃取之后，军阀混战使国家四分五裂，国不像国，心怀国家的仁人志士抛头颅、洒热血，为民族的解放和国家的独立做出了贡献。

十月革命的一声炮响为中国送来了马克思主义。马克思主义与中国的实际情况相结合，在各个阶段都取得了不同程度的胜利。从新中国成立到改革开放再到全面建设小康社会，今天的成就充分证明了在中国共产党的领导下，坚持走社会主义道路，必将实现中华民族的伟大复兴。

新中国成立之后，我国在社会主义建设中出现了“铁人”精神、“两弹一星”精神、抗洪精神、“非典”精神、奥运精神等等。这些精神是我们在实践中形成的，鼓励了一代又一代中国人特别是大学生奋发进取，投身于社会主义现代化建设中。

爱国主义教育基地是对大学生进行理想信念教育的重要场所。通过历史事实的讲解，能让生活在和平年代的大学生接受历史和革命教育，培养大学生的爱国主义情怀，坚定大学生共同的理想信念，坚定在中国共产党的领导下走社会主义道路。高校作为中华文化的传承基地，应当肩负起“弘扬中华文化，建设中华民族的精神家园”的历史使命，高校传承弘扬中华民族精神，能够激发大学生的爱国主义情感，增强大学生的责任感和使命感。

在大学生中弘扬和培育民族精神有利于在开放的环境中，不断发展和壮大中华民族的优秀文化，抵御外来腐朽文化的侵袭；有利于增强广大青年大学生对民族优秀文化的认同，从而增强民族凝聚力。民族精神的弘扬，有利于树立正确的理想信念，激励大学生奋发进取，增强民族自豪感；民族精神还可以帮助大学生完善人格，坚定理想信念。

（三）理想信念教育有助于中国梦的实现

习近平总书记带领党中央新一代领导集体在参观中国国家博物馆“复兴之路”展览时提出了中国梦的概念。“实现伟大复兴就是中华民族近代以来最伟大的梦想，这个梦想凝聚了几代中国人的夙愿，体现了中华民族和中国人民的整体利益，是每一个中华儿女共同的期盼。”在新的历史条件下，中国梦是当前大学生理想信念教育新的研究方向，在大学中进行理想信念教育十分必要。习近平总书记关于中国梦的论述，是马克思列宁主义和中国实际相结合的产物，是社会主义核心价值体系的新发展。

在改革开放的推动下，我国社会主义市场经济不断深入，在取得经济发展成就的同时，人们的价值观念也发生了很大变化：看重个人利益，忽视集体利益；有物质欲望，无理想追求；只知道向社会索取，不知道奉献社会。这些不良社会现象使得当代一些大学生只注重眼前实际利益，缺乏远大的理想信念，理想信念薄弱，以自我为中心，把个人利益放在首位，其根本原因是理想信念不够坚定。中国梦结合了当前的国际形势和我国现在所处的阶段，具有鲜明的时代特色，为当代大学生的理想信念指明了奋斗目标。只要通过自己的努力，每个人都会有发挥聪明才智的机会，都会实现自己的中国梦。中国梦肯定了个人理想，满足了大学生追求进步的需要；中国梦坚定了大学生的理想信念，增强了大学生群体的凝聚力和战斗力。

科技的进步推动了生产力的发展，但是一个国家的繁荣稳定离不开正确理想信念的引导，它能帮助人们抵制经济发展中没落的思想意识和腐化的生活方式，让我们重新树立共产主义的理想信念。

中国梦是社会主义核心价值体系的新发展，中国梦和当代大学生所具有的世界观、人生观和价值观的内在要求是一致的，在中华民族复兴道路上坚定个人的理想信念，推动中国梦的实现。

第二节　大学生理想信念存在问题的原因探究

当前，务实与实用成为一些大学生确立理想的主要根据，但过分的务实导致他们关注自我小利，无视国家民族大义；关注眼前利益，不顾社会长远利益。大学生是社会发展的生力军和栋梁，一旦这个群体失去了理想追求和改造现实的斗志，必然会影响和阻碍社会的长足发展。

一、当代大学生理想信念存在的问题

（一）理想选择困惑、迷茫

当社会处于转型过程中，面对价值选择的多样性，大学生理想选择上的困惑与迷茫主要表现在三方面。

1. 青年学生普遍对理想教育不重视

理想是人类社会实践的产物，是在改造客观世界和主观世界的实践活动中，对人类生活改变的思索，树立未来的生活目标，以满足更高的物质和精神需求。理想形成的动力源泉，正是人们对现实生活的不满和思索，是需要付出努力才能实现的对未来社会和个人生活的期许。理想是建立在人们的世界观、人生观和价值观之上的，是源于现实，又超越现实的。理想教育的抽象性与思辨性特征使其在教育过程中受到学生知识背景、思维模式、心理结构的影响，特别是由于理论与现实实践性的反差，使成长于改革开放和社会转型期的年轻一代，对于口号性精神食粮的摄取似乎已达到饱和状态。

在教育过程中，学生的学习内容中并不缺乏思想教育的知识。实际上，中国当代教育往往采取灌输的方式，这对理解力达到一定程度的成人来说非常有效。但小学生更加乐意接受一些有趣的、能够在生活中用的上思想政治教育知识。灌输教育的内容由于和生活分离，往往被学生们束之高阁，在应试教育的现实下，教师也不会做任何检查。学生学习并不是为了增长知识，锤炼自己的品德，纯粹是为了一个外在的手段性目的——考试。学习观的错位使学生身心整体状况受到影响，忽视人的基本品性的培养，淡漠精神教育的过程和效果，出现心理扭曲、价值观困惑、错位等极端校园行为和社会问题的比例在增加。熟悉的理论、反差的现实、错位的观念难以相和，只能忽视或淡漠其存在，或孤芳自赏，或了无心境。

2. 目标过分重视现实利益，缺乏稳定性

设定理想、目标是人们想要对现实的超越，是对未来的期望和信心。理想是人们未来努力的方向，信念则是一种对理想的支持和态度。理想信念是人们确立在对某种思想或事物未来状态基础之上的，并以坚信不疑和身体力行的心理态度和精神状态为之努力。改变一个人的信念需要很长的时间，需要经过长期的观察和反复的实践验证。改变一个人的信念必将对一个人的思想和行为产生重大的影响。学生的第一个信念是考入大学，考入大学之后他们则茫茫然、昏昏然。一本书上记载一位大学生问老师怎么入党的事情，当老师询问到这位学生为什么要入党之时，学生这样回答：“听学长说在大学入了党之后会有很多与其他一般同学的不同之处，例如，在奖学金评选、研究生入学、公务员考试、毕业分配等方面会有很多优势，还可以免试或被学校推荐等。”大学生入党的要求，是需要支持和帮助的。然而，这样的情况未免让人对他们的信仰产生质疑。当他们走向社会，又会做出什么样的事情？！

3. 对生活缺乏理性认知和定位

自20世纪90年代以来，“80后”或“90后”这些名词开始出现。“80后”或“90后”最初的意思是为了表明这些人的家庭状况——独生子女，到后来则逐渐演变为易接受新鲜事物、缺乏持久性的年轻人的代名词。“80后”或“90后”现象不禁值得我们追问：什么样的事情和思想能够引发他们的兴趣并持久保持下去呢？人的精神世界是知、情、意高度通融的复合体。认知代表理智，情感代表态度，意志决定坚韧程度。任何理想、信仰都是要通过一定努力介入到人们的生活中发挥作用的。青年学生们却陶醉于现有的成果之中，对于现在和未来似乎并没有什么认识。“神舟七号”的成功发射，对于中国的航天事业和中国的国际影响有重要意义，是可以写进历史的一件大事。而网络直播的过程展现在课堂上则是另外一番景象：学生认为这是一个放松的机会，终于可以在课堂上做他们一直想做却从未做过的事情。这是因为青年学生缺乏激情吗？再看看，在2004年雅典奥运会刘翔夺冠场面的无数次回放都有着屏息的紧张与激动；2008年北京奥运会的每一个赛场同样是激动、呐喊与骄傲，这些回答了我们的青年学生不是缺乏热情与激情，而是缺乏能够使热情与激情的感性体验上升为理性认识的沉淀过程与经历。

(二) 理想层次性的不同表现

1. 理想信念层次低在低年级大学生中的表现

低年级的大学生刚刚经过高考的激烈竞争，终于实现了上大学的梦想。但由于一些学生把考上大学当作人生重大理想的实现，所以考上大学后，便有了“船到码头车到站”的心理，出现目标的丧失和理想真空，失去了继续奋斗的动力。这种缺乏追求理想的生活，加上高校自由宽松的管理方式，致使“禁锢”惯了的学生在突如其来的“自由”面前，反而茫然不知所措。

2. 理想信念层次低在高年级大学生中的表现

高年级的大学生在理想定位上要体现个人理想和社会追求，不能只着眼于眼前利益，追求个人经济利益上的实惠。目前很多大学生在择业时，将收入的高低作为衡量工作价值的主要指标，忽视了个人理想和社会追求。这是个人理想和社会觉悟不够的体现，因此在大学生思想政治教育之中，我们一定要重视大学生的理想信念教育，帮助他们树立崇高的个人理想和社会追求，提高他们的思想觉悟。

追求个人利益，追求更好的物质生活，并没有错，我们并不否定这种想法，但是如果大学生在自己的人生道路上，将经济利益放在第一位，过分地注重个人得失，就会使他们的思想境界难以提高，缺乏远大的社会理想，自我实现的程度也相对较低。

(三) 受以“自我为中心”的享乐主义思想的困扰

以“自我为中心”的享乐主义主要表现在以下几方面。

1．享乐主义倾向严重

改革开放之后，我国的经济迅速发展，人们的收入和生活水平也有了很大的提高，加上西方国家生活和消费观念的传入，“人生苦短，及时享受”这种思想越来越有市场，并且为一部分大学生所接受并奉若圭臬。当前的大学生为“90后”一代，他们大多是独生子女，从小受到父母的宠爱，过着安逸的生活，这也是当前“享乐”思想在大学生中不断扩散的一个重要原因。抱有这种想法的学生，在学习上缺乏动力，不追求个人进步；在生活上讲究吃喝玩乐，甚至一部分人存在严重的不劳而获思想；在个性上，他们张扬自由，强调个人的权利，不顾集体利益或完全忽视集体利益。

2．消费观扭曲

有一些大学生在消费时根本不去考虑自己的承受能力和经济状况，为了在同学中“不丢面子”盲目地跟风消费、攀比消费，有一部分学生甚至借债来满足自己的虚荣心，还有一些大学生把这种吃吃喝喝的生活作为大学生活的主题，完全把自己的学业、理想放在角落里，并没有掌握自己应该掌握的知识和专业技能，结果择业时处处碰壁。这种情况虽然只存在于一小部分大学生群体之中，并不是大学生价值行为和价值取向的主流，但是这种情况的存在为我们敲响了警钟。

鼓励消费是促进经济增长与发展的重要途径，大学生作为一个缺乏独立经济能力的社会群体，应该学会科学消费，根据自己的实际状况和经济能力适度消费，将自己的主要精力放在提高自己的知识水平和专业能力之上，将学习作为自己大学生活的主旋律。

(四) 理想的功利化和实用化

一些大学生的理想带有明显的“功利”和“实用”色彩，他们觉得人生在世一切都是假的，只有金钱是实实在在的。当然，随着市场经济的发展，我们并不反对这种个人对物质生活的美好追求，并且从某种程度上说它也的确可以将个人价值和贡献物化得最简单、最直观。我们这里需要强调的关键点是，大学生对金钱的态度，以及金钱使用上的差异，这也是区分个人境界和理想高低的一个重要因素。有些学生面对家乡的贫穷、环境的恶化、教育的落后，希望能赚大量的钱加以改变，这种赚钱的理想与完全满足自我享乐的金钱观有着本质的差异。

就目前的状况而言，我们担心理想的功利化、实用化的消极影响，并不是要求大学生一定要再回到空谈理想的老路上去，而是要求学生正确认识金钱在人生追求中的位置：金钱只是价值衡量的一个标准，不是主要的更不是唯一的标准；一个人如果把金钱的获取作为唯一的人生目标，就会失去理智，从而走向自我毁灭的深渊。

二、造成大学生理想信念困境的原因

大学生理想信念出现偏差的原因是多种多样的，有国际方面的原因、国内方面的原因、教育方面的原因，当然也有大学生自身的原因。明确造成大学生思想政治教育中理想信念出现偏差的原因，才能抽丝剥茧找到问题的根源，走出当前大学生理想信念教育的困境。

对于造成大学生理想信念问题的原因，我们在前面的讨论中已经有所涉及，这些原因大多是联系比较紧密的客观因素，比较容易把握和理解，我们简单分析即可。这里以认知偏差为切入点，对造成大学生理想信念问题的原因进行分析和研究。

（一）从国际环境来看

世界经济一体化和政治格局的多极化成为未来世界发展的两个主要方向，大规模、大范围的战争难以发生，和平与发展是当今世界的主题。随着世界局势的稳定，发展中国家的经济迅速发展，中国在世界上扮演的角色越来越重要，在国际事务中的地位和话语权也得到了极大的提高，这对于当今大学生的爱国主义教育有着很大的促进作用，可以激发大学生共同理想的形成。

虽然中国的地位在世界上有了极大的提高，但是我们应该清醒地认识到，由于东欧剧变和苏联解体的影响，世界范围内的社会主义运动处于低谷，社会主义制度也遭受到了极大的怀疑。西方资本主义国家意志没有断绝对社会主义国家进行思想渗透的想法，尤其是中国开始实行改革开放之后，西方国家的社会价值观念大量涌入，对我国人民的社会认知造成了不小的冲击。

大学生虽然掌握了丰富的理论文化知识，但是由于社会实践和生活经验不足，对事物的分辨能力仍然不够成熟，一部分大学生在西方文化价值观念的影响下对自己的社会价值观念产生了怀疑，导致当前大学生在理想信念上存在一些问题。

（二）从社会价值观和社会风气的影响来看

当前我国的大学生都在改革开放取得初步成果之后出生，和我国的经济共同成长起来。改革开放之后，大量的西方价值观念涌入我国，中国社会的价值观念与理想认同出现了很大的变化，在西方文化价值与我国文化价值的冲突中，我国公民的主体意识更加强烈，随之而来的是不同利益主体之间的冲突和矛盾；在西方文化价值的影响下，我国社会价值体系的中心也从政治转向经济发展，由于市场经济的开展，人们逐渐产生了以经济利益为核心的价值观念；整个社会都是在动态的调节中发展的，社会发展的活力极大增强，同时人们的不安全感也逐渐上升。

另外，当前社会中存在的很多不良现象也对大学生价值观念和理想信念的养成造成了负面的影响，比如腐败现象、不正之风等使大学生对价值观念的判断产生了偏差。

(三) 从家庭教育看

每个人都会面临和接受一种家庭教育模式，它对大学生理想信念的形成有着很大的影响，主要体现在以下两方面。

第一，家长是每个人最早的老师，他们的价值认知和行为对孩子起着十分重要的引导与示范作用。因此，在大学生思想政治教育中，家长要主动承担起自己的责任，用自己的实际行动为孩子树立良好的学习榜样，帮助他们树立崇高的理想和坚定的信念。

第二，家庭教育对大学生的道德养成具有比较大影响。当前大学生中，独生子女占到了绝大部分，他们从小在家长的呵护下长大，没有经历过生活的磨炼，意志不够坚定，自我控制能力较差。在家庭教育中，家长往往只注重孩子的学习成绩，忽视对孩子独立人格和个性以及思想品质的培养，这种做法也是当前大学生思想价值观念出现问题的一个重要原因。

大学生是社会的未来，他们作为未来经济发展的主力军，如果思想认知出现偏差，将自己的“小心思”作为自己人生的价值追求，他们的行动会因为缺乏崇高理想的支撑变得脆弱不堪，在遭受到生活的打击之后往往会一蹶不振，个人前途令人担忧。

(四) 从学校教育来看

理想信念教育中存在某种程度的本末倒置的怪现象，具体来说就是教育的内容与理想的养成反向而行，我们可以从以下三个阶段的教育来理解。

小学阶段。在这一阶段的思想品德教育主要强调共产主义理想，强调远大的社会理想和高尚的个人追求。该阶段对小学生进行大量的理论灌输和理想道德的价值教育。

中学阶段。这一阶段学生的独立意识逐渐体现出来，对他们进行崇高的社会理想和远大价值追求的教育，往往被认为空泛而苍白，实际效果欠佳。该阶段思想政治教育的内容以爱国主义为主，并通过集体意识以及国情教育来提高理想信念教育内容的广度。

大学阶段。这一阶段学生的特点发生了很大的变化，他们性格特质已经养成，个人对社会和理想有了自己独特的理解，虽然没有成型，但是已经初步确立。该阶段的理想信念教育，应当体现对社会基本规范和社会公德的了解。

(五) 从大学生理想认知的偏差来看

大学生都认为一个合理的目标和远大的理想对人生的成功具有重要的意义，但是在对理想信念的理念和认识上却存在很大的差距。有人认为，个人价值和利益是理想信念的核心；有人认为，自己个性的发展是理想信念的核心；等等。

1. 理想认知的普遍偏差

理想认知上的一个非常普遍的偏差，就是把理想等同于具体的人生目标。大多数的学生对理想信念的重要性并不怀疑。他们认为，只有理想的支撑才能在充满荆棘的道路上不断前行，才能将自己的理想变为现实。大部分大学生在学习过程中都有自己明确的目标，大学生踌躇满志想要学好自己的专业知识，锻炼自己的真才实学，为社会主义建设做出自己的贡献。但一个令人十分不解的问题就是，在理论上大学生能够很顺利地完成相关的考试和题目，对理论的掌握和理解也十分娴熟，而在实际生活中他们往往遇到困难就会产生畏难情绪，变得胆怯悲观，在压力下他们没有逆流而上，成就自我。换句话说，他们所谓的理想和信念都是停留在嘴上，停留在理论上，在现实的压力面前他们的理想和信念没有起到应有的支撑作用，往往在与困境的搏斗中败下阵来。

这种现象并不是个别行为，而是在大学生群体中有一定的普遍性，大学生的行为与自己的认知是背离的。这种现象从原因上来说，是因为高校的教育和大学生对理想信念的理解拘泥于“目标化”的窠臼，教育者没有引导大学生对自己的理想信念进行深层次的思考，使得大学生对自己理想的认识和对实践的估计不足，出现知行背离。

2. 理想、信念以及信仰的关系

从理想和信念、信仰的关系上看，这三者是辩证统一、不可分割的。

首先，理想是信念形成和确立的基础，如果没有理想，信念就无法形成，在大学生的生活和社会实践中，要保持坚定的理想不动摇，才能发挥出它的巨大的作用。

其次，信念、信仰和精神境界的追求要根据社会实际和自己的理想进行必要的转化才能实现目标。从某种程度上来说，正是这种转化将理想的纯粹性以及克服困难的勇气和毅力逐渐磨平、磨碎。这种转化主要有两个层次的含义，一方面使学生自以为概念明确，拥有理想；另一方面也使理想成了他们的一种生活常识和日常行动。

第三节　大学生理想信念教育的发展方向

大学生的理想信念教育要实现良好发展，必须树立良好的育人氛围，必须建立健全的思想政治教育体系，同时，大学生自身还要注重自我的修养与发展。大学生理想信念教育应该朝着这几个方面不断发展，不断进步，不断深入，唯有如此，才能最终实现理想信念教育在高校大学生中的普及与进一步深入。

一、社会育人氛围的创造

人的本质属性是社会属性，人是社会关系的产物。从呱呱坠地的那一刻起，就依赖于社会，离不开社会。良好的社会环境帮助人们树立止确的理想信念；相反，社会环境的变化无常会干扰人们树立正确的理想信念。

现在的理想信念教育局限于高校的课堂，与社会教育以及家庭教育是脱节的。为了保证大学生的全面协调发展，我们必须不断营造良好的育人环境，凝结起社会、学校和家庭的合力，推进各个要素之间的协调正常运转。

（一）要注重社会实践

“为大学生创造更多在实践中认识和理解中国特色社会主义优越性的机会，让他们在实践中真实感悟、真情认同，并学习以理论为工具认识和分析复杂现实，才可能将抽象理论层面的理想信念转化为真正的个人价值认同。”社会实践是联系学校和社会的纽带，是课堂教学的延伸。通过社会实践，大学生能够更好地认知社会，清楚肩负的社会责任，做到个人理想信念和社会理想信念的统一。我们要引导大学生走出校门，到基层去，到祖国最需要的地方去，认清真实状态下的社会生活。理想信念教育要把理论学习和社会实践紧密结合起来，丰富理想信念教育体系。

大学生的社会实践要分年级、分层次。大学生成长的每一个阶段，对理想信念的认识是不同的，我们要有针对性地开展社会实践，让每一个大学生都能参与其中。低年级的社会实践应该以军政训练、科技发明、勤工助学和爱校荣校教育为主，高年级的社会实践要走出校园，主要以社会调查、公益活动和社会服务为主。

社会实践要与所学专业知识相结合。高校应该规定大学四年学生要完成的社会实践的学时和学分，将社会实践纳入教学规划中。高校注重专业理论知识讲授的同时更要侧重社会实践教育。把书本上学到的专业知识，融入社会实践，发挥大学生实践育人功能，通过社会实践让大学生长才干、做贡献，增强社会责任感。

(二) 要注重校园文化的建设

高校应该依托自身文化资源，以校庆等重大活动、重要事件为纽带，开展荣校爱校教育活动，促进学术交流、文体活动健康发展；利用校园内的各种社团组织，开展积极向上的校园文化活动，促进大学生全面发展。和谐的校园文化，形成了优良的学风和教风，为大学生生活提供了保障，校园文化要继承传统，在发展过程中不断创新，迎合大学生时代发展的需要。

(三) 注重家庭育人的连续性

据文献记载，我国的家庭教育应当说最早始于西周。周公因受封于鲁，但是成王年幼，需要留京辅助，让自己的儿子伯禽前往鲁国，周公对伯禽说："往矣!子无以鲁国骄士。吾，文王之子，武王之弟，成王之叔父也。又相天下，吾于天下，亦不轻矣。然一沐三握鬓，一饭三吐哺，犹恐失天下之士。"意思是周公是文王的儿子，武王的弟弟，成王的叔叔，官居显赫的周公在教育自己的儿子伯禽时曾说：我洗脸的时候，经常要拿着头发，吃饭的时候经常要三次吐出食物，急急忙忙地接待来人，就是怕失去一个贤才。周公率先垂范，给后代树立了一个好的榜样，成为家庭教育的典范。孔子作为家庭教育的鼻祖，在教育孔鲤时，让他学诗习礼，立足于社会。孟母三迁的故事就是家庭教育成功的例子之一，孟母通过对环境的观察，针对孟子成才的实际需要，不断更换住所，才成就了孟子的儒家地位。

同样，现代的家庭教育也是学校教育的重要补充，是大学生教育工作中不可缺少的重要部分。因此，不断强化家庭教育的配合，对于促进学生的成长是十分必要的。

首先，充分利用网络资源，加强学校和家庭的有效沟通。父母对子女望子成龙的期望值很高，随着网络的普及，学校要建立交流平台，以便父母随时了解学生在校的思想状态和表现；应将学校的育人理念和新闻动态发布到校园网上，真正做到家校共管。

其次，注重家庭教育的连续性。家庭是社会的组织细胞，也是孩子成长的第一课堂。在家庭教育中，父母的道德品质、价值观念、为人处世的态度都会对孩子产生影响。父母是子女的终身教师，好的家庭教育可以促进孩子的全面发展。

二、大学生思想政治教育体系的完善

(一) 对教育理念进行更新

首先，深化马克思主义理论的学习。高等教育的根本任务是培养人才，人才的培养离不开思想政治教育，其核心是理想信念教育。马克思理论教育是科学世界观和方法论，为我们认知世界和分析问题提供了科学的依据。大学生的理想信念不是凭空产生的，它是建立在一定的理论基础之上的。只有在学习、领悟和掌握一定的理论、继承前人的成果基础上，才能形成正确的理想信念。马克思主义理论在中国运用与发展形成了中国特色社会主义理论，为社会主义现代化建设提供了理论依据。

我们要把这些理论作为指导思想，融入大学生理想信念教育的环节。引导学生对当前国际国内形势有正确的分析，对西方各种思潮进行理性批判和选择，在马克思理论指导下，解决实际中遇到的问题。

其次，改变教学方式，增强课堂的吸引力。以青年学生为主体的大学生视野开阔，接受新事物快，当前的教育内容很难满足他们的需求。

目前，高校理想信念教育主要采用灌输式为主的课堂教学模式。传统课堂由于条件所限，内容空洞，难以调动学生的积极性和热情度，导致大学生失去了接受理想信念教育的兴致，收不到良好的教育效果。

(二) 对理想信念教育的内容进行拓展

1. 国情党情教育

对大学生进行党情与基本国情的教育，有助于他们正确认识社会的发展规律，并对国家的前途命运有深刻的认识与了解，高校要不断加强大学生对各项科学文化知识的学习，同时还要对他们的理想信念教育状况进行深刻的了解，大学生要根据当前的国际形势和基本国情，对经济发展中暴露出来的问题进行正确的分析，认识到自身的社会责任。

2. 马克思主义理论教育

加强马克思主义理论学习，夯实理想信念基础，用社会主义核心价值观引领大学生树立正确的理想信念。马克思主义中国化给中国的现代化建设指明了方向和前进的动力。理想信念不是与生俱来的，也不是凭空产生的，它是建立在一定的理论基础之上，结合中国实际情况，在发展中不断丰富的理论成果。

加强对大学生的马克思主义理论教育，重点是要推进马克思主义进入校园，联系学生的教材，推进学生的头脑工作。与此同时，要推进马克思主义的中国化、大众化以及时代化进程，不断奠定大学生理想信念教育的理论基础。

3. 人文素质教育

加强人文素质教育，提高学生综合能力。我国五千年的发展，积累了厚重的优秀文化，我们要结合我国的实际情况开展人文素质教育。英国教育家纽曼认为，大学的目的是培养良好的社会公民，促进社会的和谐发展。百年之后，纽曼的理论仍然有积极的指导作用。科学技术推动了社会的进步和发展，起到了立竿见影的效果，而人文学科由于没有给现代社会带来直接的经济效益而被轻视。如今我国高等学校重视理工科知识的传授，轻视人文教育；重视专业教育，忽视通识教育，人文课程设置比较少，导致学生有知识，没有文化，理想信念教育以自身的实际需要出发，忽略了社会理想信念。人文教育能够扩大知识面，开阔视野，提高学生的综合素质。我们要把理想信念教育与人文教育相结合，学生通过传统文化的学习，提高对理想信念教育的认识。人文素质教育课程的作用不在于单纯地传授知识，而是引导学生树立正确的世界观、人生观和价值观，是学生人格修养的一种升华。

三、自我修养与发展

（一）教育与自我修养

爱尔维修认为，每个人具备的精神、美德和天才都是教育的产物。理想信念也是如此，并非天生就有，而是随着后天接受的教育逐渐形成的，只有具备良好的自我教育和修养才能树立正确的理想信念。朱仁宝认为，对大学生进行经常性、有针对性的理想信念教育，有助于他们思想政治素质的提高，以及良好道德品质的形成。与此同时，还需要培养大学生的教育认同感和自我内化意识，这是大学生进行自我教育的过程，是他们进行自我改造和不断实现自我完善的过程。大学生在接受教育的同时，应当注重自我修养，这是一种大局观念，是进行齐家、治国、平天下的基本价值实现基础，同时能使大学生在面对良莠不齐的各类信息时，进行正确的选择与分析。

（二）自我发展

促进学生的自我发展，高校应按照不同年级学生的相关特点，有针对性地进行主题式推进教育，以学生为本，充分尊重学生发展的规律。同时，当代大学生也应当重视自我发展与自我价值的实现。在思想上，不但要求进步，还要注重理论知识的学习，对新生的事物要保持一定的敏锐性和警惕性；在行动上，要不断参加社会的实践活动，提升自身的综合能力，完善自我。同时，高校要提供多样化的交流平台，使学生不断累积学习经验，注重自我学习能力的提升，实现自身的长远发展。

全社会对青少年的成长以及他们的思想都要进行关注，他们是我国社会主义现代化建设的中坚力量，对青年思想进行关心，对青年发展进行关爱有着十分重要的意义。青年要不断坚定自身的理想信念，要敢于创新，勇于创造，不断锤炼高尚的品格，要在实现“中国梦”的实践中不断放飞自己的青春梦想，在为人民利益的奋斗过程中不断书写人生的精彩华章。

第三章　大学生生命教育

第一节　大学生生命教育的内涵与特点

一、大学生生命教育的内涵

在探讨大学生生命教育的内涵之前，我们首先需要明确“教育”的含义。一般认为，教育有广义和狭义之分，广义的教育指的是增进人们的知识和技能、影响人们的思想品德的活动，它包括家庭教育、学校教育和社会教育，它涵盖了所有有目的的影响人的活动。狭义的教育，主要指学校教育，其含义是教育者根据一定社会(或阶级)的要求，有目的、有计划、有组织地对受教育者的身心施加影响，把他们培养成为一定社会(或阶级)所需要的人的活动。不管是广义教育还是狭义教育，教育的出发点都是人，教育的归宿也是人。总之，教育是人的教育，人是教育的对象，也是教育的主体。生命作为人的本质特性，要理所当然地成为以“培养人”为本质的规定性的教育的首要关注点。或者可以说，人的教育的本质要求是生命教育。

当前，不少人对大学生的生命教育认识不够，存在着一些模糊认识。有人把生命教育理解为“关于人的生命的知识教育”，即认为生命教育是与人口教育、环境教育等并列的教育。准确地说，他们认为生命教育只不过是在教育内容中增加了一项关于人的生命知识的教育内容而已，在高校，只要开设一些关于人的生命知识讲座就行了。固然，“关于人的生命的知识教育”是生命教育的一项内容，这是不言而喻的，但是仅限于此显然是远远不够的，其认识是有偏差的。近几年，许多高校都开设了生命知识教育讲座，许多有关欣赏生命、尊重生命、敬畏生命及珍爱生命的生动事例在影响着许多大学生，取得了一些成效。但是，高校校园里大学生的暴力事件仍是时有所闻。尽管事件的发生有其特定的社会背景，我们不能把所有的责任都归咎于教育，但是，“对生命的漠视，是教育不可推诿的罪疚。”[①]这与大学生生命教育的不完整性有一定的关系。尽管我们明白教育理论是指导我们的教育实践的，但是我们更应明白，只有科学的教育理论才能有效地指导教育实践，如果是以片面的教育理论来指导教育实践，所产生的后果可能是毁灭性的，正如教育家洛克所说：“教育上的错误更不可犯。教育上的错误正和配错了药一样，第一

[①] 文雪．生命与教育[J]．教育导刊，2002 年第(5)期，第 8-11 页。

次弄错了，绝不可能借第二次、第三次去补救，它们的影响是终身洗不掉的。”[①]缘于此，我们必须得探究和运用科学、合理的大学生生命教育理论。

大学生处在人生的关键时期，具有自己的特点和需求，其生命存在于自然、精神和社会三个领域。为此，大学生的生命教育内涵包含生命知识的教育、生命关系的教育和生命价值的教育三方面。

（一）生命知识的教育

当前，部分大学生由于一直受高考指挥棒的影响，唯上大学为主要目标，因此，对知识的掌握围着高考的科目转，至于其他知识，包括生命知识则非常缺乏，主要表现为对自己的生理结构不了解，心理问题突出，生命自救能力弱，等等。

生命是什么？这是一个谜团，狄尔泰曾感叹道：“我们体验生命，但生命对我们却是个谜。”[②]大学生虽然具有较丰富的知识，对生命的认识依然缺乏。狄尔泰认为，社会科学可以借助于直觉的理解，达到人的生活的深处，其出发点就在于知识和智慧。一个人要对自己的生命和生活的世界有更好的理解和认知，就需拥有一定的知识和智慧。高校开展的生命教育，就是给大学生传授有关生命的知识，它涉及关于生命的由浅入深的、形象生动的、贴近生活的各方面的知识，涵盖着各种生命的形态、生理结构、生活习性、生命健康和人的生理规律等知识。

在了解生命特征的基础上，高校的生命教育要引导大学生去发现生命的真谛，探求什么是人、什么是人性，解决“人为什么活着”“怎样活着”等人生问题，唤起他们的生命意识，叔本华认为，世界的本质就是生命意识，生命从本质上讲是一种强大的、不可遏止的生存冲动，是一种神秘的生命力。大学生只有意识到生命的存在，认清了生命的本质，才有生存的冲动，才会更加敬畏生命。

大学生是祖国的未来，要把他们培养成中国特色社会主义的合格建设者和可靠接班人，对其进行生命知识教育十分重要。对大学生开展生命知识的教育，仅给学生灌输一些抽象的有关生命价值和意义的知识和把生命知识局限于人的生命的知识是不够的，而应是关系到地球上生物的相关知识。总之，大学生的生命知识教育是涉及关于生命的各个方面的知识教育，既包括有关生命的各种知识的教育，又包括与生命密切相关的知识的教育。当然，生命教育并不是它们的简单相加，而应把所有的教育都提升到“生命”的高度来进行教育。

（二）生命关系

就总趋势来说，随着人类社会的进步与发展，人们对生命越来越重视，越来

---

① 文雪．生命与教育[J]．教育导刊，2002 年第(5)期，第 8-11 页。

② 谢地坤．走向精神科之路[M]．南京：江苏人民出版社，2008，第 127 页。

越懂得珍惜了。然而，我们也不得不看到，现实社会不时出现一些人对自己或他人生命的轻视和漠视的现象。什么样的生命才是健康的、顽强的生命？什么样的生活才是好的、持久的生活？美国精神分析心理学家阿德勒认为，较好的生活能够有效地解决三种问题，即有效“谋求一种职业，以使我们在地球的天然限制下得以生存”“在同类之中获取地位，以使我们能互助合作并分享合作的利益”“调整我们自身，以适应‘人类存在两种性别’和‘人类的延续和扩展，有赖于我们的爱情生活’”。也就是说，阿德勒认为好的生活必须处理好职业、社会关系与婚姻爱情关系。美国存在心理学之父罗洛·梅认为，“人是一种与他的世界相互关联的存在”，“在世存在”的我们必须处理好与“物体世界”“人际世界”“自我世界”三个世界的关系。人的本质是“一切社会关系的总和”，人与人、人与自然都处在一定的关系中，所以生命教育必然包含“生命关系的教育”。

生命关系的教育表现在教育大学生处理好与他人的关系，包括处理好与亲人的关系、与同学和朋友的关系以及与异性的关系。高校对大学生开展生命关系的教育，凸显大学生的生命价值，平等对待每个大学生的生命体，遵循每个大学生的生命特征。在以人为本的现代社会，大学生不再是接受知识的容器，而是一个具有独特的认知、情感、意志等个性特征的人，“对生命关系的教育”所要培养的情感是以科学知识为依托、融真善美于一体的合理的情感教育。同时，大学生作为一个社会的人，正处于思想活跃、精力充沛和兴趣广泛的时期，希望被人接纳和认可，迫切需要与他人建立各种关系。在与他人相处的过程中，大学生应树立起平等、信用、尊重、宽容和互利的思想，克服一些知觉障碍和品质障碍，调整与他人相处存在的嫉妒、自卑、羞怯和猜疑等不良心理。

大学生生命关系的教育表现在教育大学生处理好人与自然的关系。我国古代哲学的核心理念就是以“生命”为中心，认为人类与人类之外的其他生物是一个生命的有机体。“天地与我并生，而万物与我为一”，就是说，天地、万物、人是一个生命有机体，我们应该爱一切人和一切物。对大学生开展生命关系的教育，是让大学生认识到，人类与其他生物处在一个生命的有机体中，有着相互依存、相互制约的生态关系，大家应该遵循“诺亚原则”来保证各种物种延续下去，“我们不要过分陶醉于我们人类对自然界的胜利，对于每一次这样的胜利，自然界都对我们进行报复。”[①]史怀哲说：“过去那套只关心我们与其他人关系的价值系统是不完全的，所以会缺乏向善的原动力，只有立足于‘敬畏生命’这一观点，我们才能倾其所爱，与这个世界的其他生命建立一个灵性的、人性的关系。”因此，对大学生开展生命关系的教育应该将“大生命”观作为一种世界观和方法论传授给学生，积极培养大学生对所有生命的敬畏，以大爱境界关注所有生命的价值，正

① 马克思恩格斯选集（第4卷）[M]．北京：人民出版社，1995年版，第383页。

确处理好与自然的关系。

职业不仅是大学生未来获取生活物质的正当途径，也是大学生未来建立与他人、自然与社会关系的重要途径。职业是大学生生命存在的基础，也是大学生生命价值与意义的重要来源。马克思说，人在劳动中开创生命的意义，列夫·托尔斯泰在其中篇小说《谢尔盖神父》中也说到，生命的意义体现在自食其力的普通劳动人民那里，而不是体现在过寄生生活的人当中。当前大学生产生的许多生命问题以及困惑迷茫、空虚无聊、消沉冷漠、焦虑不安等心理问题都源自严峻就业现实产生的压力。因此，对大学生开展生命关系的教育应该引导大学生正确进行职业规划，进行有效的就业心理指导，以促进大学生更好地处理当前的各种关系以及未来的各种关系。

(三) 生命价值的教育

一直以来，高校作为培养高级人才的基地，非常重视大学生生命价值的教育。从高校思想政治理论课设置的教育内容来看，一直也把有关生命价值作为重要教育内容来教学。当然，这里所指的“生命价值的教育”，不同于传统的生命价值的教育。传统的生命价值教育，常常把人当作认知的工具而非完整的有生命的人来看待，它忽视了人的生命的特点，向学生灌输大量有关生命的价值与意义等方面的知识。这种生命价值教育授予学生的知识，及其在学生心中形成的价值观，往往与现实状况形成较大的反差，当面临特殊情境时，有的学生非但不会运用所学的知识来珍惜生命，反而为了所谓“生命的尊严”而含恨离世。

生命哲学强调生命的变异性和创造性，强调生命和激情对经验和理性的超越，把关注的主题由外转内，核心是人的生命存在及其活动等。人的生命价值有肉体的价值、精神的价值和社会的价值，对大学生开展生命价值的教育，就是对他们进行上述三种价值的教育。

大学生生命价值的教育凸显了“肉体”价值的重要性。生命价值的教育让大学生从中真切感受到自己的血肉存在，就是大学生当下的生存状态，是生命个体最基本且最重要的价值。也就是说，“活着”才使生命具有现实性，“活着的肉体”是人们“精神”存在的基础，只有健康的身体，才会有良好的精神。在生命价值教育活动中，高校要重视大学生的体育、美育课的教育，向大学生讲明健康身体的重要性，让大学生认真学习掌握身体的结构、疾病的防御以及生命危机的自救等知识，使大学生对身体有深入的了解，加强锻炼，善待身体，促进身体健康，珍惜自己的生命。

大学生生命价值的教育凸显了精神的价值。人的生命与其他生命体最大的不同就是人的活动具有目的性，人通过各种有目的的、对象性的活动来发展自己。人的存在不仅仅是自然生命的存在，更是精神生命的存在，人之生命的精神性决定了人的存在问题不只是一个单纯的生存问题，而是一个“创造存在”的存在问题。人作为主体性存在物，在创造历史的过程中，是一种更高精神的追求，表现为人们对理想、感情、道德、信仰和价值的追求。大学生在校期间，正是确立科学的理想和树立坚定不屈的信念的关键时期。因此，高校开展生命价值的教育，必须凸显大学生的精神价值的追求。

大学生生命价值的教育凸显了社会的价值。人类生命是具体的、独特的和自我的，而生命的全部意义作为人之为人的本质，总是具有不同个性的人相互区别的重要尺度。换言之，不同的人总会有不同的生命意义，因而必定有各不相同的生命价值观。如何使大学生的生命更富有价值，关键在于大学生如何促进社会的文明和进步，也就是如何提升大学生的社会价值。个人生命的社会价值，是个体的人生活动对社会、他人来说所具有的价值。人的本质属性是社会性，个体的人只有在社会中，才能使自己的物质和精神的需要得到满足，一个人的需要以怎样的方式和多大程度上得到满足也是由社会决定的，即个人生命价值的实现取决于他的人生活动对他人和社会的贡献，即他的社会价值。所以，一个人生命的社会价值高低主要是看其对社会贡献的多少。作为大学生生命价值的教育，应该关注和重视个体生命的特殊性，尊重和理解他们各自拥有的独特价值。人的价值，除了人类的共性价值外．总有个体的特殊价值所在。大学生生命价值的教育需要关注个体的不同价值取向。在尊重和理解的基础上，因势利导，因人而异，对他们进行有效的引导，更好地帮助他们提升自己，完善自我，进而促使他们更好地实现自我价值。

大学生生命教育内涵看似可以独立存在于某种教育活动中，其中的任何一个方面似乎也就可以称之为大学生的生命教育。但是，我们应该知道，在不同的教育活动中，其重点和中心是各不一致的，任何单方面的教育虽说也是一种教育活动，但它不能构成完整意义上的生命教育。唯有这三方面内容的融合统一，共同体现于生命教育中，才能称得上是完整科学的生命教育。总之，大学生的生命教育扩展了当前高校教育的内涵和外延，将教育转化为浑然一体的过程，完美地融合了大学生的学习和人生体验，大学生生命教育是教育的一种价值追求，是教育的一种存在形态。

二、大学生生命教育的主要内容

生命伦理是生命认知、生命情感、生命意志的统一，涉及生之伦、死之理、存之道、活之德等方面。生命伦理教育的内容主要包括敬畏生命教育、生命意义教育以及生命能力教育三方面的内容，在这三个基本内容的基础上衍生出了具体的教育项目。

(一) 敬畏生命教育

人是以生命的方式存在的，生命受之父母，成于社会，承继历史而来，延伸未来而去，是实现人生理想和人生价值的前提条件。作为生命载体的肉体存在是有限的，即有时间和空间的界限与限度，每个人的生命既不可替代又不可逆转，不会因为富贵而增多，也不会因为贫穷而减少，不会因为美好和快乐而再复，也不会因为错误和痛苦而重来。生命的有限性也就凸显了生命的可贵性。生命对每个人而言既是一种权利，也是一种义务，生命的本色既有瞬间的伟大壮烈的舍生忘死，也有日常的符合自然规律的生老病死，不怕牺牲是为了彰显生命的崇高，而敬畏生命则是为了维护生命的庄严，“奋不顾身”“见义勇为”的精神值得称颂，“奋而顾身”“见义智为”的机警同样值得称道。因此，要认识生命的孕育、诞生、成长、衰老、死亡的过程和规律，了解生命的有限性，认识死的必然，体会生的可贵，保持生命理性，培养敬重生命的情感和情怀，包括对自我生命的确认、接纳和喜爱，对他人生命乃至整个生命世界的同情、关怀与珍惜，尊重个体生命存在的多样性、独特性和创造性。要养成健康的生活方式，不挥霍、浪费、透支生命之能，不做如吸毒、纵欲、过劳等损害生命的事，让生命不受侵害、毒害和伤害，不以牺牲人格、尊严、健康、生命等为代价去谋取钱财、名利、权势，善待他人也善待自己，善待社会也善待自然，在敬畏中热爱生命，在平等中尊重生命，在感恩中关怀生命，在创造中涵养生命。

(二) 生命意义教育

因生命有限而须珍惜生命，因生命可贵而须敬畏生命，绝不是主张贪生怕死、苟且偷生，也不是善恶不分、姑息养奸。人的生命不仅是一个有活力的生物体存在，更是一种意义存在和价值实体，是“生物-心理-社会”的整体，是自然形态、社会形态和文化形态的结合，是既成性与选择性、受动性与能动性、适应性与超越性的统一。人的生命具有超越性，这种超越性表现为人的社会性对生物性的超越、精神性对物质性的超越、可能性对现实性的超越、无限性对有限性的超越等，在超越中造就精神生命，达到自觉、自主、自由的生命境界。生命伦理教育就是引导受教育者加深对生命的权利、责任、使命的思考，对生命意义的肯定、欣赏和张扬，培养积极乐观的人生态度和勇于超越的人生精神，从而点燃生命激情，激发生命活力，高扬生命意义，提升生命境界，实现生命价值，演绎自己的生命乐章，共享生命精彩，从人生意义和人格精神上来实现对人生命的根本性呵护和构筑。

人是需要意义的动物，生命意义支撑着个体的生命：当个体感觉生命富有意义时便会精神振奋、行动积极，产生幸福、满足、希望等积极情感与健康心理；

相反，当个体感觉生命缺乏意义时，则容易罹患自我认同危机、低自尊、抑郁、成瘾等心理问题或产生攻击、酗酒、吸毒等问题行为，甚至以自杀或他杀的极端方式来结束自己或他人的生命。生命意义是个体健康幸福生活不可或缺的元素。而意义缺乏则是现代人的通病，由此导致一系列的心理、社会问题。那么生命的意义到底是什么？

“意义”一词最早也最频繁地出现在语言学习里。众所周知，单个字是没有意义的，或者其意义是不确定的，只有当其与特定的事物联系起来，或者与其他字联系起来组成词才能产生确定的意义，当词相互联系组成句、句相互联系组成段、段相互联系组成章，意义就更丰富、更充实了。也就是说，联系产生意义、意义来自于联系，联系越多意义越丰富，联系越紧密意义越确定。同样，生命因联系而有意义，生命意义的实质就是联系。大学生只有将自己与他人、社会、自然建立起稳定和谐的联系，才能真正感受到生命的意义。

(三) 生命能力教育

人的生命是一种系统存在，生老病死、喜怒哀乐、聚散离合、荣辱浮沉、成败得失等，是人的生命存在与发展的基本状态和复杂过程，这种状态和过程虽不能任意左右和抗拒，但可以有意识地规划和经营。生命能力，即规划和经营生命的能力。对生命的规划也就是对人生的规划，包括树立崇高的志向和理想、确立人生的目标和追求、保持健康的爱好和高雅的情趣、塑造完美的个性和健全的人格、选择正确的生活道路和生活方式等方面。通过规划和经营生命以开发生命价值，愉悦生命过程，优化生命样态，展现生命活力，在生命的不断发展中追求幸福、创造幸福、享受幸福，促进生存价值与生活意义相统一、物质生活与精神追求相平衡、个体发展与社会发展相协调，实现人的自然生命、社会生命、精神生命、价值生命的和谐发展。

三、大学生生命教育的特点

大学生的自身特点和需求，决定了大学生生命教育不同于其他群体的生命教育，其特点主要表现在教育对象的特殊性、教育内容的广博性和教育方式的灵活性等方面。

(一) 教育对象的特殊性

大学时期是一个充满梦想和希望的人生阶段，也是个体发展的黄金时代，它犹如鲜花盛开的季节和早晨八九点钟的太阳。这个阶段是大学生的心智不断成熟、人际交往能力不断提高、社会经验日益丰富的时期，同时也是他们思考人生目的、认识生命意义、探求生命价值最困惑的时期。他们有着与同龄人相似的特点：生理成熟与思想成熟不相一致，身体发育与心理发展不相协调，自我感受与社会认识不相统一等。但与其他同龄人相比，他们有着一些自身的特点。大学生毕竟是高素质的群体，对自我价值实现的要求高、社会责任感强等，这些差异、差别就说明生命教育对大学生有着特殊重大的意义。即便同为大学生，这一群体还有不同的种类、不同的层次，个体素质、性格的差异也是明显的。所有这些，都要求高校在开展生命教育的过程中，关注生命教育对象的特殊性，既要重视大学生的生命共性教育，也要关注每个大学生的生命个性教育，这样才能提高大学生生命教育的有效性。

(二) 教育内容的广博性

人世间的物种具有多样性，其生命结构就存在多维性。因此，人们从不同的层面、不同的阶段、不同的关系中加以把握和理解生命，生命教育的内容就会各不相同。关于这一点，我们仅从学者们从不同的角度给生命教育所下的定义，就可见一斑。比如，学者刘慧说："生命教育是以生命的视界，来重新审视人与自然、人与人、人与自身之间的关系，并遵循生命昭示的规律所进行的教育。"也有学者说，生命教育就是"从生物自然界的生命现象开启希望之光。从社会文化的认识上，激励人们拓展人生实现自我"，"从精神心灵的探索中，启迪人们珍爱生命，发扬善性"。还有学者从"生命、情感与教育关怀"出发，提出"教育关注个体，关注人，意味着要去关注个体作为生命体的存在，关注其外显的活生生的生命崭露，关注其内隐的、活泼的、流动的生命情感化育"。诸如此类，不胜枚举。虽然我们仅从生命知识、生命关系和生命价值等三方面来理解大学生生命教育的内涵，但其内容的广博已得到充分说明。况且，广义的生命教育内容更为广泛，它可以涵盖人类社会生活以及整个世界的问题。因此，不同的学者对此会有不同的看法。问题的关键在于，生命教育贯穿于人的一生，大学阶段是大学生求知欲望最强烈的时候，他可以博览群书，广受教育。因此，大学生生命教育的内容，要把握住那些更突出、更重要、更紧迫的问题，要体现广博性，让学生融会贯通。

(三) 教育方式的灵活性

生命教育是引导与帮助大学生认识生命、欣赏生命、尊重生命、珍惜生命，提高生存技能，提升生命质量，实现生命价值的教育活动。它所关注的是学生整体人生的健康发展，而不是生命存在的权宜之计。正因为如此，关爱生命，是教育必须承担的责任，也是教育应该确立的价值取向。生命教育是大学教育的应有之义，其目的是远大而崇高的，理应成为大学生的必修课程。由于生命教育的对象是鲜活的有灵性、有情感、有思想的大学生，这就要求教育环境是良好宽松的，教育内容是丰富而多彩的，教育手段能符合因材施教的原则。生命教育是学校教育唯一指向大学生各个层面的综合性教育，其教育方式有别于一般的课程教学，更需要灵活性。生命教育既需要学校教育，也需要社会和家庭的教育；既需要课堂教师教育，也需要课外个人感悟；既需要理论教育，也需要实践情感体验，这正是生命教育方式灵活性之所在。上面只是简单地介绍了大学生的一些共性特点和表现，大学生个体都有其自身的特点。在对大学生开展生命教育过程中，教育者要根据每个学生的特点开展有针对性的教育，生命教育才会有实效。

第二节　正视死亡，珍爱生命

生与死是一个相对概念，生是相对于死的一种存在形式，死是相对于生的一种概念。由生至死为人的一生，死是生的终点。因此，我们认为死亡教育是生命教育中不可或缺的部分，其目的是为了提高生命质量。两者的出发点、归宿点和落脚点是完全一致的。“生死观”对一个生命体而言，是基于“生”和“死”两方面的认识和观点，是个人所表现的生命观和死亡观，它是个人世界观和价值观的组成部分，也是主导个人生命过程的指导思想。“以人为本”的思想已经成为我国的主流思想，一切围绕人、发展人、服务人成为社会的价值取向和奋斗目标。因此，围绕死亡观教育也被各界广泛关注并加以重视。上面的一些章节已讲述了生命观的问题，下面着重介绍死亡的本质、科学的死亡观和如何对大学生开展死亡教育等问题。

一、死亡的本质

古代许多帝王为求长生不老，寻求仙丹，终无正果。在《西游记》中，妖魔鬼怪都想吃唐僧的肉，据说吃了唐僧的肉可以长生不老。这些虚构的故事，无非是表达了人们想长寿甚至想永生的一种愿望而已，因为这一愿望违背了死亡的规律和本质，注定是事与愿违的。其实，死亡是一切生命活动的必然现象，死亡是有生命以来就存在的。就人类个体而言，死亡是每一个人的最终归宿。在这个世界里，如果你想要找寻生命真正的平等的话，你大可不必费心，因为真正的平等是在个人生命的终点处。死亡似乎是谁都知道的事，但很难真正说得清楚，显然，对于真正需要洞察死亡真相、了解生命意义的人来说，这样的状况是无法令人满意的。只有对死亡的真谛有着一定认识和理解的人，才能真正从死亡这一事件中汲取生命的智慧，延续现实生命的维度。

（一）生物学上的死亡

生物学上的死亡指的是肉体死亡，它是机体内同化、异化这一对矛盾运动的终止。人体内各个组织器官需要呼吸、循环系统供给足够的氧气和原料，进行新陈代谢。新陈代谢一方面促进人体的呼吸和血液循环，促进人体的生命活动；另一方面，新陈代谢也是氧化过程，产生的氧基会伤害线粒体，危及人体细胞核，促进机体老化，最后导致机体生命活动和新陈代谢终止。在《辞海》中，把人和高等动物的死亡分为三类：一是因生理衰老而发生的生理死亡或自然死亡；二是因各种疾病造成的病理死亡；三是因机体受机械的、化学的或其他因素所造成的意外死亡。这些死亡都是指肉体生命的死亡。

(二) 哲学意义上的死亡

马克思主义认为，人之所以为人，除了与其他动物一样有自然属性外，关键在于人还有社会属性。人的社会属性主要表现在人类具有理性、精神、劳动和社会关系等特点。正因为人有自然属性和社会属性。因此，我们可以说，人的生命既有肉体生命，也有精神生命，两者统一于人的一体。与此相对应的，人的死亡同样也存在肉体死亡和精神死亡。

肉体死亡是指人的物质肉身的死亡；精神死亡是指人的思维以及高级理想活动已经停止，或者停止其正常范围的追求。一般而言，人的肉体死亡必然会带来精神死亡，因为，人的肉体死亡，意味着大脑的死亡，而大脑是人的精神源泉，进一步也就是精神死亡，因为精神的载体已经死亡。这里所说的精神死亡，除了这一意义外，还特指没有思想，没有该有的精神意蕴，像动物一般地活着，不具备为人的资格。在当前的社会中，一些人，包括个别的大学生，生活没有理想，没有追求，犹如一具行尸走肉，精神枯萎。叶圣陶先生曾经说过：“真正可怕的是身体机能还存在精神却已经死了，活着而不知道为什么活着，该怎样活着，一切没有根，没有源，只是飘飘浮浮的，像个虚幻的影子。”

显然，哲学比生物学所探讨的死亡本质更深了一个层次，它所关注的不仅仅是单纯肉体死亡，而且涉及人的精神层面，触及死与生的关系。黑格尔说过：“生命中包含着死亡的种子。在人的生命里，生与死既是对立的两极，又是辩证统一的关系。”

二、死亡观教育

死亡观是人们对死亡的内容、本质、价值和意义的根本性的观点，它既是世界观和人生观的有机组成部分，也是人类对自身认识深化的必然结果。科学的、正确的死亡观不能自发地形成，它是社会文化潜移默化的结果，是个人接受社会教化而形成的对死亡的认识和态度。

诚然，每个人都要面对死亡，但是面对死亡，不同的人会表现出不同的观点和认识。

我国的死亡观深受传统文化的影响。对待死亡，少见公开议论的场景，大多数人总是采取回避的态度。在传统的儒家文化中，对死总是保持讳莫如深的态度，很少直接论及死亡，“敬死亡而远之”，把死亡排斥在生命视野之外。正因为如此，国人对死亡的态度一般是消极的，有些人把死看得很淡，有些人非常惧怕死，有些甚至不愿意谈及死这个话题，更不愿意面对死亡这个人生的必须环节。当然，也有个别民族对待死亡的态度不是消极的。

西方学者对死亡的态度与我们不同。赫拉克里特说“死亡就是我们醒时所看见的一切”；苏格拉底认为“对于死亡本性”“不自命知之”；德谟克利特称“死亡是自然之身的解体”；而柏拉图认为“死亡是灵魂从身体的开释”；基督教则认为“在耶稣基督中复活”，把过天国生活作为信徒对“死亡的渴望”。

上述死亡观都是消极的，是唯心主义的观点。那么，什么是科学的死亡观呢？

科学的死亡观就是马克思主义的死亡观，它把个人看作人类社会的一分子，把人的有死性和不朽性、死亡的必然性与人类社会的自由辩证联结、把小我的有限性与群体的无限性辩证地连接在一起。它把人的死亡价值提高到了“为人类牺牲自己”的高度，把个体生命融入人民群众的整体利益和历史运动中，顺应时代潮流，把“为人民利益而死”视为死亡的最高价值和意义所在。

可见，马克思主义对人类生命价值追求的探讨离不开对死亡的认识。所谓“生命”是人的生与死的过程。“生”，包括生命、生活与人生三个部分；“死”，不仅指病理学上的肉体之“死”，还指死的观念与意识。人的生命是有限的，有生必有死，生与死构成了生命不可分离的一体两面，创造了人生完美的奇迹。死和生一样，不仅是人的“一个”规定性，而且成了人的最本质的规定性，成了人生的重要因素，人的本真存在就是“向死而生”，生命的意义必须借助死亡才能彰显出来。所以，有见于“生”而无见于“死”，属片面之见；有见于“死”而无见于“生”，亦是片面之见。只有两者结合，才能达到学理上的全面性和正确性。人之“生”与“死”并非位于人生的两个端点，而是交织在一起密不可分的。恩格斯的“生就意味着死”，就是把生命的否定看作是包含在生命之中的东西，理解了生命，也就理解了死亡。毛泽东以对比的手法形象地阐述了“生”与“死”的辩证关系，指出：“为人民利益而死，就比泰山还重；替法西斯卖力，替剥削人民和压迫人民的人去死，就比鸿毛还轻。”所以，通过对“生命”核心范畴进行全面、正确的界定，可以帮助大学生树立全面的“生死观”，帮助他们正确地理解死亡，消解死亡对他们的负面影响，促进他们热爱生命的热情，提升人生的境界。

对大学生的死亡观教育，一是开展唯物主义教育。以马克思主义唯物论和辩证法为指导，把死亡理解为一个客观的事实和过程，人生就是走向死亡的自然过程。引导大学生在树立马克思主义科学世界观的同时，也树立起正确的物质死亡观，反对把死亡神秘化，反对唯心主义化的错误倾向。世上本无灵魂、鬼怪，我们要帮助大学生破除死亡的神秘感，敢于面对这个现实，实现自己的生命价值。二是要让大学生正确认识生命的珍贵和死亡的意义。正因为生命来之不易，个体的生命才需要得到呵护；生命是宝贵的财富，我们要珍惜仅有一次的生命。此外，我们要教育大学生深刻认识死亡的本真意义。死亡意味着什么？艾温·辛格在《我们的迷惘》一书中对死亡解释道："所谓死亡，必须用组成生命的自然动力加以解释。如果抽离了生命的意义，死亡也就没有意义了。死亡之所以是人类存在的一个极其重要的问题，无非是因为它加入了我们对生命意义的探究。关于死亡的一切思考，都反映出我们对生命意义的思考。"正因为死亡对生命有意义，而死亡是不可避免的，所以正确认识死亡的意义就显得尤为重要。三是注重培养大学生坚强的品质和积极的人生态度。一些人也许会觉得开展死亡教育，悲悲戚戚的，充满着伤感色彩，了无兴趣。其实这是对死亡观教育的莫大误解。我们必须明白，所说的死亡观教育，不是教育人们如何去结束生命，也不是美化死亡，而是引导人们正确领悟死亡的本真价值，摆脱对死亡的恐惧，从对死亡的惧怕中解放出来，教育大学生超越死亡，引导大学生开心地过好人生的每一刻，从容地享受生命的每一瞬，踏实地做好人生的每件事，认真地干好人生的每一项工作，以自己真实的生命存在藐视死亡的威胁，以灿烂的人生成就超越死亡的威胁。总之，通过死亡教育内容的初步构建及实施，引导大学生思考生与死的生命课题，以积极的态度面对生命的失落与痛苦，体会生命的意义，热爱生命，积极为人类社会的发展做出贡献，从而有利于全社会的稳定和发展。

三、大学生死亡观教育的途径

大学生正值青春年华，似乎离死亡还很遥远。事实则不然。目前各高校各类学生死亡事件频发，且有愈演愈烈的趋势。高校学生的死亡问题已然成为影响社会稳定、破坏大学生正常学习生活的一个重要因素。

大学生的死亡主要由两个因素引发。一是外部因素。外部因素主要是指社会变革、社会动荡、传染性疾病、交通事故和他人伤害等导致的大学生死亡事件。二是自身原因。自身因素主要是指大学生因内心承受不了就业、学习、恋爱、交友等各方面的压力。心理学家认为，自杀者都有相似的性格特征，要么过于内向、孤独，容易陷入焦虑与绝望中；要么偏执，过分认真，责任感过强；要么缺乏兴趣爱好，情绪不稳定，心情多变。

针对大学生的死亡现状，高校可以采取以下路径开展死亡观教育。

(一) 抵抗诱惑的教育

对当代大学生进行生死观教育的同时，要厘清当前社会对于大学生的主要诱因，指导学生抵抗诱惑，形成良好的生命意识，才能避免相似的校园危机出现。目前，在整个社会大环境里充满着对大学生形形色色的诱惑，体现在当代大学生活的方方面面，诸如情感、金钱、利益、就业、网络游戏、网络交际、毒品、传销和色情等，不一而足，稍有不慎或者稍有放纵，就可以成为当代大学生生命危机的因素之一。因此，如何对大学生采取合适的死亡观教育，以有效抵制这些诱惑，成了教育的关键问题。

(1) 加强大学生抵抗诱惑的心理教育。生活中的大量事实表明，大多数生命的陨落，多由个体自我心理调节作用的缺失或不足所导致。正如歌德所说的“我心中之两种灵魂”那样，青年期是理想与现实相矛盾而感到烦恼的时期。大学生正处在自我意识迅速增强的时期，伴随而来的自我意识的分化及其所产生的矛盾，往往使他们内心充满不安和危机。一方面，大学生的心理具有易感性，其内心及行为容易受外界环境的影响较为显著。因此，社会上许多不法分子，把作案对象选择为大学生，对其骗财、骗色等。另一方面，由于当代大学生的特殊成长环境所致，比如出自独生子女家庭，生活经历较为简单，相当一部分大学生的心理存在着脆弱的一面，一旦发现上当受骗，对危机和冲突缺乏心理承受能力和自我调适能力。如果这些心理冲突和矛盾强度过大或持续过久，就会导致心理、生理机能的紊乱，进而有可能发展为精神疾病，甚至导致自杀。因此高校必须注重引导大学生学会掌握并提高对自身心理活动进行认识、判断与评价的能力，不断增强抵抗诱惑的能力。

(2) 培养大学生在交际网络与关系下识别诱惑的能力。当代的大学生有着鲜明的时代特征，表现在有活力、有思想、敢冒险等方面，但也存在诸多问题，其中最突出的就是无法处理复杂的人际关系，以及在交际过程中不能甄别不良诱惑。这两方面往往成为影响大学生思想和行为的重要因素，如果处置不当，就容易滑向消极一端，甚至酿成悲剧。近年来，大学生因情感问题引发的恶性事件呈上升的态势，其中不乏少部分大学生在他人的甜言蜜语下，失去了理智，终给自己造成了不必要的麻烦和不良的后果。为此，引导大学生树立起人际交往的基本意识，掌握人际交往的常识，让他们学会既要与别人友好和睦地相处，培养他们良好的人文关怀、社会关怀精神，学会尊重他人、欣赏他人、爱护他人，又要培养他们在交际网络与关系下识别诱惑的能力，这在当下显得十分必要：这正是新时期大学生死亡观教育必须面对的课题。只有具备了这样的素养，大学生才会尊重爱护自己和他人的生命，才不会发生伤害自己和他人身体或生命的事情。

(3) 加大对大学生玩网络游戏的监管力度。网络作为一种文化，具有无限性和无极性的特点，它在给予个人和组织极大的自由选择查问和机会的同时，又使得任何人都可能在无限的丛林中迷路，外在影响的弥漫性侵入直接化为内在的心理感受，数字化的过度扩张有使自我丧失的危险。21 世纪互联网的应用飞速发展，标志着这种以信息为标志的崭新的生活方式已经开始，这也对大学生的生命观教育提出了严峻的挑战。大学生作为社会的骄子，时代的弄潮儿，面对变幻无穷的虚拟的网络世界，他们充满着好奇和冲动，表现出特有的聪颖和敏捷，但是大学生又是身心发育尚未健全的一族。网络的光怪陆离，以及无穷的诱惑，使得不少大学生无所适从，天真地把网络世界的完美比之于总有欠缺的现实世界，从而产生莫名的惆怅，身心健康受到极大的伤害。尤其需要指出的是，网络散播的暴力和自杀信息对大学生的暗示作用不可小视。譬如在网络游戏中，人的生命是可以被随便侵犯的，这就容易让人产生对生命价值的漠视和淡化，严重地影响着大学生健康生命观的形成。面对网络游戏对学生的消极影响，一方面，应科学引导他们合理地使用，适当地娱乐，切不可沉溺于其中而不能自拔；另一方面，要关注网络成瘾者的身心健康，帮助他们树立信心，争取早日从网络游戏回归到现实生活。目前，网络游戏的相关法律、法规还不够完善，特别是在防止利用网络游戏进行诈骗等犯罪活动上还存在诸多法律的空白点。因此，国家相关部门应加强对网络游戏的立法和管理。同时，加强对网络游戏平台的监督，运用先进技术建立防范有害信息传播的管理体系。校园网络管理者可以通过严密监控互联网入口，防止相关网站因利益的驱使在网络游戏中传播不健康内容。

(4) 培养大学生建立正确的竞争理念。随着全球经济一体化的趋势加强，国际竞争和国内竞争越来越激烈，可以说每一个人都生活在激烈的竞争压力中，谁想逃避这种竞争都不可能，大学生也是如此。各种竞争的加剧导致大学生的学习压力，特别是高校毕业生求职压力迅速增大。站在求职大门门口的莘莘学子，既要承受日益严峻的就业压力，也要承受一不小心掉入求职陷阱的失败恐慌。为此，一方面，全社会要切实为大学生营造安全的求职环境；另一方面，要培养大学生建立正确的竞争理念，端正心态，遇到求职等不顺利，正确的心态便是应反省每一次竞争中自己是否尽了力，不一定要追求与自己的能力、智力不相匹配的著名公司，避免产生焦虑。

(二) 远离自杀的教育

最近的研究表明，我国每年有 28.7 万人死于自杀，另外，每年有 200 万自杀未遂者接受医学治疗。当下，大学生自杀等漠视生命的现象屡有发生，并且在校园有愈演愈烈之势，大学生自杀比例一直呈上升趋势，自杀已占大学生非正常死亡中的首位。鲜活的生命骤然陨灭，灿烂的未来戛然而止。这实在令人心痛，引人深思。有学者曾经进行过问卷调查，有 80.17%的大学教师认为当代大学生自杀与他们缺乏对死亡的了解及缺乏正确的死亡观有较大的或很大的关系。大学生的自杀给家庭和社会带来十分惨痛的创伤，甚至会严重干扰学校正常的教育教学秩序，并可能会带来一些法律纠纷。因此，学校要加强对学生的关怀。随着人文教育、素质教育、关怀教育的提出，高校对学生的关注不应该仅限于对他们的学业成绩，还应该重视他们的思想、情感和心理等，使之形成正确的死亡观，敬畏生命，远离自杀。

(1) 转变教育观念，强化大学生生命意识。在高等教育大众化的形势下，大学生作为“产品”，被投入了高等教育的生产流程中去。一些高校仅以书本知识为中心，以考试分数为目的的教育价值取向容易导致学生学习的知识与现实生活分离，导致学生对现实生活的忽视。因此，高校必须转变教育观念，树立以学生为本的科学发展观，必须强化大学生的生命意识，使大学生找回成就感，帮助他们在追求科学知识的同时，找到合理的生存、生活方式；教育大学生彰显个体生命的多样性、独特性，在教育过程中肯定自我，掌握命运；培养大学生的生命和谐意识，摒弃生命“异化”现象，努力促进个身心的和谐发展，个人与他人的和谐发展，个人与自然的和谐发展，个人与社会的和谐发展。

(2) 正确认识生命，引导学生欣赏生命。在地球上存有生命是十分美妙的事。生物学家研究表明，地球上原本存在的各类生命有 3 000 万种之多，但身为万物之灵的人类，却为了自身的生存，或者是由于自身的无知，损害和恶化了不少生物赖以生存的环境，致使许多生物消失与灭绝。因此，作为教师，必须要经常教导大学生明了生命间的相互依存的关系。我们不敢设想，如果有一天在花草间看不到蝴蝶，在森林中听不到鸟声，在夏天听不到蝉鸣，等等，人世间的环境该会是何等的乏味和无奈。不消说，处于如此死寂的世界，人类自然了无生趣，少了若干憧憬与美感。为此，教师应试着引导大学生去欣赏生命之美，并让大学生意识到这些美丽的生命即将消失，或许会改变大学生对生命的态度。当大学生能够感受、体验生命之美，对生命有了新的认识，这就是生命教育成功的开始。在大学生有了初步体验的基础上，让他们明白，人的生命具有唯一性和不可替代性的特点。对于人来说，生命只有一次．丢失了就无法再找回来。人生的失落与痛苦，是生命成长的一部分。教育者应协助大学生用积极的方法来面对这些失落和痛苦经历，最后找出自我生命的意义与价值，展现更积极的态度，把握现在，活在当下。

(3) 敬畏生命，提升大学生生命质量。正因为生命对于每个人来说都仅有一次，所以世上最可宝贵的莫过于生命，我们应反对轻视生命的态度，反对虚无化生命，要渴望获得生命的价值和意义。在现实生活中，许多人对生命满不在乎，理所当然地享受生命，全然没有考虑到生命的艰辛与伟大，有些人肆意把生命当儿戏，觉得最不值钱的就是生命，原因就在于他们缺乏对生命的敬畏。只有当我们拥有对生命的敬畏之心时，世界才会在我们面前呈现无限生机，我们才会时时处处感受到生命的可贵和神圣，也才会时时处处在体验中获得“鸢飞鱼跃，道无不在”的顿悟和喜悦。于是我们就需要引导学生在生命的探索中，敬畏生命，注重生命质量的提升。

(4) 提升生命价值，期许学生尊重生命。我国古代就有“道大、天大、地大、人亦大”“惟人，万物之灵”“天地之性人为贵”等说法，说明人是有很高价值的。个体的生命是有限的，但是人的生命一旦与社会和他人联系起来，便有了质量高低之分，一个人为社会和他人做出更多、更大的贡献，其生命质量就高。因此，人的生命的价值是通过改造自然、推进社会来充实、赋予和提升的。尊重生命就是尊重生命的基本权利和责任，包括善待自己、善待别人、诚实守信、宽容大度。反过来说，从某种意义上讲，善待自己便是珍爱生命。人的生命是有思想的，人因为有尊严才有自信和思想的灵光，青年是向往美好、崇尚幸福的时期，有憧憬和期盼，更有五彩斑斓的梦想。因此，要引导大学生在生命的实践过程中，树立对生命的责任意识，明白生命的价值在于奉献，不仅要让大学生知道以何为生，更能明白为何而生；帮助他们学会惜时与敬业，惜时与敬业是生命价值社会性的体现；注重对大学生的审美教育，审美教育的过程就是生命教育的过程；引导大学生共同展示人性的魅力和对生命的挚爱，在相互尊重、民主平等的氛围中领悟道理、获取新知、共同提高。

(5) 懂得生命地位，激发学生热爱生命。世界上最可贵、最有价值的就是生命，生命应该全面拓展。生命的价值，应该是全面的、整体性的丰盈，而不应只停留在某一方面，我们关切的对象应是包含着人类自身在内的整个世界，因而生命价值的提升应超越生命本体和时间界限，让有限的生命创造无限的价值，这正如臧克家所写的：“有的人死了，但他还活着。”一个人不仅要珍爱自己的生命，而且也要尊重他人乃至世间万物的生命。只有热爱自己生命的人才懂得对他人生命的热爱；也只有热爱他人生命的人才会真正地热爱自己的生命。我国古代有尊生重己的传统，在《吕氏春秋》中《贵挂》和《重生》两个专篇讨论对生命的态度问题。前者说要以生命为贵，后者讲生命最为可贵。从孔子的“仁者爱人”和韩愈的“博爱之谓仁”，到现代教育家陶行知的“爱满天下”，都充分地体现了这一点。“天空没有留下翅膀的痕迹，而我已经飞过。”泰戈尔的诗告诉我们，人生好比鸟群飞过，在空中虽然难以留下痕迹，但毕竟飞过，在这高空中，我们体会到了生命的翱翔与壮美。教育是生命增值的重要工具，我们应引导大学生思考信仰与人生的问题，认清自己的人生方向，以宏观的视野去审视人类存在的意义和价值，关心人类的危机，活出具有全方位、有价值的生命，让人类本体生命的存在在社会实践中得以永恒的展现。因此，要引导大学生把生命视为一束鲜花、一片阳光、一串欢笑，一切全在个体的赋予，一切全在自己的创造。人活在世界上是为了创造幸福，为社会、为他人、为自己创造幸福。含笑来去，留鲜花在路上，留歌声在途中。

(6) 重视生命智慧，促使学生领悟生命。“知识就是力量”，这个数百年前由英国著名思想家培根提出的理念曾经推动过社会的进步。可在当代，却也因此带来了许多心理和社会问题。那么多的知识分子自杀就说明知识未必就是“力量”；用科学知识发明的尖端战争武器造成了人类众多的灾难更说明光重视“力量”是不够的，知识有时也会成为一种破坏性力量。当前，青年学生自杀现象有增无减的原因除了大学生外在的压力成倍加大外，更重要的是内在的生命力没有相应提高甚至有所削弱，而内在生命力缺乏的根本原因还是生命智慧的缺乏，这与社会和学校缺失生命教育是分不开的。曾有三位分别属于不同生命学院的大学生自杀的报道特别发人深省：这些大学生学到的只是生命科学的知识却没有学到生命的智慧。这某方面不能不是教育过于强调知识而不重视智慧的恶果。诚然，在某些特定条件下，我们确实应该为国家的利益舍生取义，但应该更多地提倡尊重生命、珍惜生命。

当然，对大学生开展死亡观教育，其作用不仅仅在于抵抗诱惑和防止自杀等，还在于提升了人们的生活质量和获得了较高的生存品质。

第三节　科学教育，挖掘生命价值

一、生命价值的哲学内涵

生命价值问题一直以来备受哲学家、思想家的关注，他们从不同角度阐述了对人的生命的尊重、对人的自然生命的爱护和对人的生命价值的探讨。

(一) 中国传统生命价值哲学观

中国古代的哲人们对于生命的价值提出了很多充满智慧的思想，这些思想直到现在仍然散发着夺目的光辉，受到世人的青睐，其对我们认识生命的价值同样有着深远的意义。

1. 儒家的生命价值观

儒家文化是围绕人而展开的，儒学的核心就是天人关系。认为人在宇宙间具有崇高的地位，人是万物之灵、天地之心。孔子认为，“天地之性，人为贵。”人优异于万物，超越于群生，成为宇宙中的最伟大、最崇高者，人的生命是天地之间最为珍贵的、最为宝贵的，珍惜生命、关爱生命是儒家对待生命首要的、基本的态度。《论语·乡党》记载：“厩焚，子退朝，曰：‘伤人乎？’不问马。”马厩着火了，最遭灾的肯定是马，一般人肯定会问马是否受到伤害。然而，孔子先问的是人受伤了没有，却根本不问及马。从这里可以看出人的生命在孔子心目中的地位，一般的财产损失当然是远远不及人的生命的价值的。孔子对于殷商以来残害生命的人殉制度更是表现出强烈的愤慨，“始作俑者，其无后乎！”狠狠咒骂那些作俑者断子绝孙，这在古代社会里是非常刻毒的话语。孔子对生命的珍视还体现在其反对战争、反对杀戮的思想上，卫灵公曾向孔子请教军事问题，孔子断然拒绝道：“俎豆之事，则尝闻之矣；军旅之事，未之学也。”真的是孔子没学过军旅之事？其实不然，卫灵公是知道孔子军旅知识渊博才向他请教的。孔子拒绝卫灵公的请教，是因为战争就意味着杀戮，杀戮就意味着人的生命会受到危害，这是孔子非常不愿意看到的现状。孔子的这种“仁者爱人”的主张，其“爱人”是泛爱一切人的，包括一切阶层的人在内，这在当时社会是非常可贵的。他反对人殉，提倡“修己以安百姓”“博施于民而能济众”，反对战争等，把所有人都当作人来看待，尊重、敬畏、关爱每个人的生命，这种思想在当时无疑促进了当时社会的和谐发展。

孟子更是发扬了儒家关爱生命的思想，这突出地体现在其“仁政”学说上。从孟子所言“仁政”的具体内容来看，也无不是关注人民的生计冷暖，力图使人民丰衣足食，安居乐业，充分享受人生的天伦之乐与生命的欢悦。孟子也非常反对战争，斥责春秋以来的战争为不义之战，梁襄王曾问孟子什么人能够统一天下，孟子回答：“不嗜杀人者能一之。”在残酷的战争中，无数百姓惨遭杀戮，许多家庭妻离子散。面对战争对人类生命的危害，孟子提出了“仁者无敌”的主张，试图以“仁”来统一天下。对那些喜爱战争、穷兵黩武的人，孟子对他们表示强烈的谴责，如梁惠王因强夺土地，驱使民众子弟去作战，战死受伤无数，孟子便指责他“不仁哉梁惠王也!”可见，孟子也同样关爱每个人的生命。

先秦儒家的先哲们对人的生命的重视，还体现在孝道上。“身体发肤，受之父母，不可毁伤，孝之始也。”认为每个人的身体是父母所给，对自己身体的损伤就是对父母的不孝。儒家是非常重视孝道的，但在治丧之时，也敦戒孝子不要因为父母的逝世哀痛过度而伤害自己的身体。“教民无以死伤生，毁不灭性，此圣人之政也。”从这孝道里我们也可以看出儒家学派对生命的珍爱。

儒家珍惜生命，尊重生命，更重视实现生命的价值，追求生命的意义。认为生命的意义并不在于人活着，而在于每个人的人生使命，如何实现自身生命的价值。主张人们积极投入社会，对现实的人生抱着乐观向上的态度，孔子自己认为，“其为人也，发奋忘食，乐以忘忧，不知老之将至。”孔子一生最大的抱负就是“祖述尧舜，宪章文武”，并为实现这一抱负不懈努力，实现了人生的价值。孟子也非常重视实现人生的价值，追求生命的意义，他说："如欲平治天下，当今之世，舍我其谁？"无论孔子还是孟子，为了他们心目中的圣殿——仁义道德，一生都在不辞辛劳，四处奔走，游说列国，尽管屡遭困厄，到处碰壁，但他们从未放弃努力，直到生命的最后一息，以积极的人生实践，赋予了有限人生以无限的价值和意义。孔孟的表率无不体现小至修身齐家，大到治国平天下，都要求人们去实现自己的人生价值，每个人只有实现了自己的人生价值，生命才有意义。同时，儒家也实事求是地认识到每个人的人生价值是不同的。因此提出了不同层次的要求，"穷则独善其身，达则兼善天下"。这样就使得每个人都有可能去实现自己的生命价值。

此外，在儒家看来生命的道德价值是比生命更为重要的东西。活着的时候，应致力于创造人生的社会价值，度过一个充实的道德人生。死也要死得完满，死得其所，死得有意义。当人的生命和社会所提倡的道德发生冲突时，应当牺牲个体"小我"的生命，维护社会"大我"的尊严。所以，孔子说："志士仁人，无求生以害仁，有杀身以成仁。"孟子说："生亦我所欲也，义亦我所欲也，二者不可得兼，舍身而取义者也。""杀身成仁、舍身而取义"，激励一代又一代的能人志士前赴后继，死而后已。

2. 道家的生命价值观

道家始祖老子在将自然与人做相互关照时，首先遇到了一个问题，即人在自然万物中居于什么地位。老子的回答是，"道大，天大，地大，人亦大。域中有四大，而人居其一焉。"

老子认为，宇宙中有四种伟大的存在：道、天、地、人。天地之外，尚有人与万物，但老子讲"四大"并未包括万物，却将人列于其中，这便表明了老子对人的根本态度：重视人的地位，肯定人的价值。在这里，老子第一次将"人"作为一个类置于宇宙间伟大者的行列，第一次揭示了人类存在的价值，第一次高扬了人类生命存在的价值。庄子对人类生命价值的肯定反映在其"天地与人并生"的思想中。庄子继承了老子尊重生命的原则，认为人并不比天渺小，人的地位并不比天低微。人同万物相比，更有其特殊的价值。这种价值应是指人的生命存在本身的价值，而不是指人与物比较中的实用价值。最能反映庄子这种生命价值观的是他对残疾者的赞美，在庄子看来，残疾者也是一种生命存在，从其与健全者同为生命存在这一点来说，两者没有什么区别，都有各自的价值。为了突出残疾者的生命价值，庄子有意识地赋予这些人以美的精神和旺盛的生命力。可见庄子的天人平等、物我同生思想同老子的"四大"思想一样，都高扬了人类的生命价值。

老子不仅重视人类的生命价值，也高扬人的个体生命价值，这反映在其"重身贵身"思想中。在《老子》中，绝大部分"身"是指人的形体或整个生命。老子不仅对“身”持肯定态度，而且主张观之、修之、存之、贵之、爱之。他说：“故贵以身为天下，若可寄天下；爱以身为天下，若可托天下。”意为一个人若能贵身爱身，则可将天下托付给他。因为一个人只有珍重爱惜自己的生命，才能珍重爱惜他人的生命，而只有珍重爱惜天下人生命的人，才能担当治理天下之大任。可见老子是重身的。在身与名、身与利以及身与天下的对比中，老子的价值尺度明显指向于身。针对世人以身追逐名利、以身殉天下的做法，他反问道：“名与身孰轻？身与货孰多？得与亡孰病？”答案显然是不言而喻的。

老子的重身贵身的思想为庄子所继承。庄子对个体的生命价值极为重视，认为个体生命的价值高于一切名声、利禄、珠宝，乃至天下。“夫天下至重也，而不以害其身，又况他物乎!”天下大位是贵重的，而子州支父不以大位来伤害自己的身体，何况其他的事呢？庄子在《肚王》篇中，一口气讲了15个寓言故事来阐述以生命为贵、以名利为轻的重生轻利思想，呼吁人们要珍爱生命、爱护生命、敬畏生命。“今世俗之君子，多舍身弃生以殉物，岂不悲哉。”可见，他对当时普遍存在的重物轻生的人性异化现象甚为不满，他认为这种以身殉物、为追求各自的目标而不惜牺牲性命的人生价值取向是极不可取的，因为这些做法“以物易性”丧失了人之为人的根本。人无生命，物又何用？庄子对个体生命价值的重视还反映在他的保身、全生、尽年等主张中。庄子认为，每个人都有其天然的生命时限，即“天年”，只有享尽天年，走完应有的生命历程，才是符合自然之道的。所以庄子是反对自尽的，他主张人应该努力活够大自然赋予的生命时限，避免早夭。庄子曾对人类中夭折者深表惋惜，并为人们设计了种种养生保命的方案：“为善无近名，为恶无近刑，缘督以为经，可以保身，可以全生，可以养亲，可以尽年。”庄子还为世人在身处危境时设计了种种解脱方法，在《人间世》篇中，庄子一再教导那些与帝王打交道的人如何全身远害。

从老子和庄子的思想可以看到，道家生命思想的主旨在于使现实世界中个体存在的自然生命得以保全和安顿，强调“全身避害”“安顿生命”，并在此基础上，通过“道”的引导使个体生命的精神、灵魂超越于世俗繁杂的束缚和肉体生命的生死限制，进而在与天地宇宙的沟通和感悟中，体验生命的快乐。

总的来看，儒、道两家都以生命的价值立论，都认为生命价值的实现会使人获得绝对的自由和快乐，都将生命之心和认知之心作为实现生命价值的途径。无论是儒家从修身、齐家、治国、平天下的思想出发来实现生命的价值，还是道家通过健全个体的自然生命来实现对生理生命的超越，其生命观教育思想强调的都是生命的珍贵。人必须保护自然生命，在此前提下，才谈得上人的道德、精神、灵魂方面的陶冶与升华。当然，就其哲学的实际内涵来说，儒家注重伦理，道家追求自然，两者大相径庭，不能混为一谈。

(二) 马克思主义生命价值哲学观

马克思将人的生存意义确定为寻求切实改变世界的手段，寻求推动世界从低级向高级发展进步的有效路径，人的生存意义通过实践和劳动得以实现。总体来看，马克思是站在如何改造世界、如何推动生产力的进步与发展的立场上界定人的自我价值和社会价值的。

马克思主义还原了人的本质。马克思对关于人和动物的区别的论述中就明确了人是生命的主人，他指出："动物和它的生命活动是直接同一的。动物不把自己同自己的生命活动区别开来。它就是这种生命活动。人则使自己的生命活动本身变成自己的意志和意识的对象。他的生命活动是有意识的。"与此同时，马克思还提出了"现实的人"的概念，首先对像黑格尔那样把人归结为无人身的灵魂、自我意识和精神唯心主义观点加以反对，认为"人直接地是自然存在物"，强调"肉体的个人是我们人的真正基础、真正出发点"。马克思认为，人是社会存在物，"人的本质并不是单个人所固有的抽象物。在其现实性上，它是一切社会关系的总和。"1845—1846 年马克思、恩格斯在《德意志意识形态》中再次强调："我们的出发点是从事实际活动的人……但不是处在某种虚幻的离群索居和固定不变状态中的人，而是处在现实的、可以通过经验观察到的、在一定条件下进行的发展过程中的人。"可见，马克思把人的本质还原到人与人之间本源性的感性交往关系，认为"人的本质并不是单个人所固有的抽象物，在其现实性上，它是一切社会关系的总和"。

从马克思主义关于人的本质论可以看出，人的生命价值主要包含生命的自我价值和社会价值。

1．生命的自我价值

(1) 生命的自我价值体现在生命的存在价值，生命的存在价值是可敬可畏的。马克思主义关于人的本质论表明，人与动物一样具有自然属性，要有生命特征，也就是生命个体在自然界中存活，即生命的存在价值。生命的存在价值是人的生命价值之根本，也是衡量人的生命价值的最低标准。马克思指出："任何人类历史的第一个前提无疑是有生命的个人的存在。"可见，人类所有的价值关系都是以人的生命存在为前提建立起来的，人的生命存在是一切价值关系存在的基础和依托。对个人而言．只有生命存在，人才可能获得金钱财富，求取事业功名，实现人生理想。一切人世间的价值物，也只有生命存在时，才是有价值的。哲学家说，价值是客体满足主体需要的一种肯定关系，当主体已不存在时，价值也就荡然无存了。

人的生命存在价值不仅是个体价值之根本，也是社会价值的源泉。社会是由个人构成的，社会价值是个人价值的有机结合。人类历史上一个国家和民族的兴衰，其基本标志就是人的存在和繁衍状态，人兴则国兴，人衰则国危。现代社会固然不像古代社会那样在数量上依存于人的生命存在，但在实质上仍然是以人的生命存在作为其价值的基础的。毛泽东说过，在世间一切事物中，人是第一宝贵的，只要有了人，人间奇迹都可能创造出来。因此，健全的人的生命存在，是任何一个社会存在和发展的最根本的、永恒的资源，也是任何一个正常社会所追求的基本价值目标。

“维持人的生命存在是每个人最自然的不可剥夺的权利，理应最先受到社会及他人的承认、尊重和维护。对他人的尊重和对他人价值的承认，首先是对他人生命存在及其价值的尊重和承认。”马克思主义的生命存在价值还表明，所有的生命存在是等价的，生命属于每个人只有一次，理应受到尊重。

(2) 生命的自我价值体现在生命的物质价值与精神价值的统一。一个人的生命的价值不在于它的长度，而在于它的深度和广度。有尊严地活着并有尊严地死去是一个人整体价值不可分割的部分。如何使生命的自我价值体现得有尊严呢？关键在于个体对自身物质和精神需要的满足程度，使自身生命的物质价值与精神价值达到有机的统一。

一个人要实现生命的存在价值，生命的物质价值是基础，何谓生命的物质价值呢？生命的物质价值是指使人的生命存活的物质需要的满足，比如，个人的衣食住行、社会的储备等。同时，一个人要使生命存在更富有意义，更有效地实现自我价值，除了生命的物质价值外，还需要有一定的生命精神价值。所谓的生命精神价值是指人的心理、精神需要的满足，比如人有交往、被尊重和发展的需要。

生命的物质价值和精神价值是辩证统一的，物质价值是精神价值存在的前提和基础，精神价值可以转化为物质价值，物质价值则是有限的和短暂的，而精神价值在某种程度上是永恒的和无限的。否认生命的物质价值，或完全脱离物质价值谈生命的精神价值，同样是错误的。特别是在市场经济条件下，人们往往只重视生命的物质价值，忽视精神价值。马斯洛需要层次理论揭示了人的低层次的需要是生理和安全的需要，而到高层次则更强调生命价值与需要的精神上的满足。马克思以及中国共产党的领导人都指出，一个人的生命要有意义，人生要有价值，不但要有物质价值，而且更要有精神价值。因为，人对物质的需要稍纵即逝，永无止境，只有精神止的满足，才会让人真正觉得幸福和满足。同时，生命的精神价值也体现了生命的超越价值。人的生命是有限的，可其精神却是无限的，是可超越的。正如马克思主义能流芳百世，就是马克思的精神生命，是其生命的升华。

2. 生命的社会价值

马克思主义关于人的本质论还表明，人具有社会属性。从人是一切社会关系总和的本质可以看出，人只能生活在社会大环境中，通过社会的交往关系去实现其人生价值，追求其幸福，这正表明了人对他人的需要是本质的需要，是真正自然的需要。离开了社会，孤立的个人是没有幸福可言的。马克思主义的生命价值观既强调个人对社会的尊重和满足，更强调个人对社会的贡献和责任，正确揭示了个人与社会的关系。马克思主义生命价值观的核心是人的生命的社会价值。所谓人的生命的社会价值，是个体的人生活动对社会和他人来说所具有的价值。

一个人的生命是否有价值与他的人生观有着密切的关系，马克思主义的人生观是为人民服务。1848 年马克思、恩格斯在《共产党宣言》中指出："过去的一切运动都是少数人的或者为少数人谋利益的运动。无产阶级的运动是绝大多数人的、为绝大多数人谋利益的独立的运动。"为绝大多数人谋利益就是位人民谋利益。l905 年，列宁在《党的组织和党的文学》一文中，谈到无产阶级文学为谁服务时说：它不是为饱食终日的贵妇人服务，不是为百无聊赖、胖得发愁的"几万上等人"服务，而是为千千万万劳动人民服务，为这些国家的精华、国家的力量、国家的未来服务。列宁从文艺这个侧面提出了为人民服务的思想。毛泽东继承马克思主义经典作家思想，并结合中国的实际，把人生目的精辟地概括为"为人民服务"。1942 年他在《在延安文艺座谈会上的讲话》中第一次明确地提出了"为人民服务"的概念。毛泽东说："对于过去时代的文艺形式，我们也并不拒绝利用，但这些旧形式到了我们手里，给了改造，加进了新内容，也就变成革命的为人民服务的东西了。"1944 年毛泽东发表了著名文章《为人民服务》，对全心全意为人民服务的思想做了集中而且深刻的阐述，要求全党同志和革命志士完全、彻底地为人民的利益而工作。邓小平提出"三个有利于"，坚持把是否有利于发展社会主义社会的生产力，是否有利于增强社会主义国家的综合国力，是否有利于提高人民的生活水平作为衡量一切工作的标准，把人民拥护不拥护、人民赞成不赞成作为制定各项方针政策的出发点和归宿。江泽民提出"三个代表"重要思想，强调我们的党要始终代表中国最广大人民的根本利益。胡锦涛同志提出深入贯彻科学发展观，坚持把发展作为党执政兴国的第一要义，坚持以人为本，坚持全面协调可持续发展，坚持统筹兼顾，不断增加社会物质财富，不断改善人民生活，努力构建社会主义和谐社会。习近平总书记强调，全面建设小康社会，在保持经济增长的同时，更重要的是落实以人民为中心的发展思想，想群众之所想、急群众之所急、解群众之所困，做好普惠性、基础性民生建设。中国共产党的几代领导人，都是为人民服务的积极倡导者和忠实的实践者，经过共产党人的长期实践和倡导，为人民服务不仅是共产党员要始终坚持的宗旨，而且已逐渐成为大多数社会成员普遍接受和认同的人生准则，成为科学人生观的核心。

从马克思主义的科学人生观可以看出，以人民利益为最高利益，以人民利益为自己人生目标的出发点和归宿点是人的生命的社会价值理论的内在要求。人是社会的人，个人的一切需要都是在社会中得以满足的，即个人的自我价值不能离开他人和社会而独立存在。只有以为人民服务，以人民利益为根本的价值观为指导，为实现共产主义奉献自己的聪明才智，才能真正实现个人的生命价值，这也是个人生命的最好价值的体现。马克思说，每个人的自由发展是一切人自由发展的前提条件。无产阶级及其政党没有自己的特殊利益，无产阶级只有解放全人类，才能最终解放自己。因此，解放全人类，建立每个人都能自由发展的、在物质上和精神上都能充分满足人类需要的共产主义社会，就是无产阶级和共产党人的最根本价值所在及所追求的最大价值目标。为了实现这个目标，无产阶级和共产党人可以不惜牺牲一切乃至生命，因为这样做是最有价值的，即使为此牺牲了自己的生命，也是死得其所。不管世界风云如何变幻，马克思主义的生命价值观将永远是起主导作用的生命价值观。

二、大学生生命价值的提升

当我们对西方的和中国古代的生命价值观以及马克思主义的生命价值观有了初步的了解之后，就要吸收西方和中国传统文化中有关生命价值的精华部分，洋为中用、古为今用，树立起正确的、合埋的生命价值观。那么，作为新时期的大学生，我们应该具备什么样的生命价值观呢？它对我们提升生命价值有着怎样的意义呢？

从生命价值观的作用看，生命价值观作为一种价值观念，必然对人的行为起导向作用。不管你是自觉还是不自觉，也不管你意识到还是没有意识到，它都贯穿于人们的一切活动和行为之中，决定着生命的性质和方向。正确的生命价值观对实现人生价值具有巨大且积极的导向和促进作用，如焦裕禄、孔繁森等人的生命价值观；错误的或者不正确的生命价值观也必然对人生的价值和意义产生影响，只不过是消极的，如漠视生命、游离生命、伤害生命甚至否定生命等。因此，生命价值观的有无以及生命价值观的正确与否，是一个人能否发现和创造有价值、有意义人生的关键。

当然，生命价值观不是生来就有的，生命价值观必须通过生命主体在生活实践中感受生命存在对于社会和自身所具有的重要作用和意义后才能逐步形成，是指导人们如何处理生命历程中个人与社会、现实与理想、付出与收获、身与心、生与死等一系列矛盾的根本标准。了解生命价值观的内涵，其目的是使我们既认识到生命的伟大与崇高，又认识到生命的渺小与脆弱；既了解人类的生命价值，又了解自然界中其他生命的意义；既关注自身生命，又关注、尊重、热爱他人的生命；既积极创造生命的价值，又自觉提升生命的价值。

(一) 大学生自我生命价值的提升

大学生要提升自我生命的价值，必须要正确认识生命的自然特征，树立起科学的理想信念，确立积极的人生态度。

1. 正确认识生命的自然特征

个体要提升自我的生命价值，只有正确认识生命的自然特征，明白生命的可贵才能更加珍爱生命、敬畏生命。人的生命的自然特征主要有以下几方面。

(1) 生命的偶然性。“人是被偶然地无缘无故地抛到这个世界上来的。”从生理学上来讲，一个生命的产生，是上亿个或者几十亿个精子中的一个与一个卵子结合形成受精卵，在母体内历经十月怀胎并在一朝分娩后诞生。从这个意义上讲，人的生命的产生是一个很偶然的事件，是几亿甚至是几十亿分之一的小概率事件，这充分说明个体生命来之不易，可见生命之宝贵。每个人都应该加倍地珍惜生命、尊重生命，绝不能随意地伤害生命，所以应该对日常生活中的自杀、他杀以及打架伤人等现象予以坚决否定。

(2) 生命的独特性。从遗传学的观点看，人的遗传素质具有差异性，这种差异性表现在体态、感官及神经活动类型等生理因素上，遗传的差异确定了人先天具有的独特性。然而，我们也必须知道，生命的本质不是先天给定的，而是后天不断生成的，处于不断变化中的人必定也是独特的。先天的遗传素质奠定了人独特性的基础。但是，人的独特性主要还是表现在人后天形成的不同个性上，表现在人思维、精神的独特性上。人比动物优越的地方就在于人有意识，人的行为有自为性，一个人如何选择，他就如何生活，生命也就将是什么模样。在相同的环境中，在相同的条件下，动物会有相同的行为，而人不同。人有思维，面对相同的境况，不同的人会有不同的反应、不同的选择、不同的体验。不同的人会依据自身的特色，设计、创造自我的生命，逐步形成不同的行为方式、生存方式。人不仅是自然的存在，更是精神的存在，人的精神具有更大的自由性和自为性，表现了人对自由的追求，也就更能表现人的独特性。人们会有不同的信仰、不同的追求，会赋予生命以不同的含义。因此，生命便呈现出不同的特色。也正因为人的个性的不同，人的存在才更有价值。

(3) 生命的有限性。人生是一张单程车票，人们只能回味过去，却永远也不可能回到过去，人的生命过程只有一次，也没有重新开始。人是一个有限性的存在。其一，人的生命的“生”之有限，生命的“死”是必然。正因为死亡的客观存在，才使得生命成为有限。同样，也正因为死亡的存在，生命才显得更加珍贵。其二，人生际遇的不可预见性。面对生命历程中的疾病、自然与人为的灾难，人们无法预见也无法控制，各种偶然事件都可能使得个体生命变得更加有限。其三，人生经历的不可逆转性。死亡是生命的终结，没有了生命，便没有了一切。这说明，人的自然生命是每个个体发展所依赖的基础，人类的先天遗传素质决定了人与人最初的不同，以及人类自身所无法逾越的生理界限，我们只能在有限中生存。

(4) 生命的创造性和超越性。人类是有“意识”的存在，人能意识到自己的生，也能意识到死，意识到自我唯一的短暂的一生，意识到生命的不完善性。也正是因为人有意识，才能意识到“无价值”的生命和“无意义”的生活，是人的“存在的空虚”，从而不满足于当下的“活”，更加珍惜生命中的每一分每一秒，不断地创造人生的价值，让生命中的每一段都充满内容，留下不可磨灭的印迹，实现生命的超越，凸显出“生”的意义与价值。

关于生命的创造性价值，著名学者余英时的一席话，值得我们思索，可以带给我们新的启示。他曾于 2001 年 12 月 30 日在普林斯顿悼念挚友张光直的文章中写道：1978 年夏天，我发现了光直内心深藏着另一个精神要素，令我十分惊异。有一次在火车上，他忽然说，他早年一直有一种向往，即如果能为人类、国家或民族做出一件大有贡献的事，而自己炸得粉身碎骨，那才是最痛快不过的。光直在表面是十分平静安详的，我完全没有想到他竟有此“壮怀激烈”的一面。知人真是谈何容易!当时这句“壮怀激烈”的话萦回在我的心中，但并没有深想下去。现在我似乎恍然若有所悟。他的话表示他内心存在着一座“火山”，但“火山”不过是一个比喻，实质上这是蕴藏在一个人内部的创造力。创造力特别大的人便会感到内在的火山时时要求爆发。光直早年的向往说明他的巨大创造力已在迫不及待地寻找突破的出口。后来的客观环境使他走上了学术的道路，他的全部创造力便发挥在对古代史研究的上面。火山也不必一定要采取一次总爆发的方式才能放射出光和热。我们可以说，他是一座没有爆发的火山，但是他的光和热已永远留在人间。

从生命的偶然性、独特性、有限性、创造性以及超越性的特征上可以看出，人的生命确实弥足珍贵。偶然性的机遇、微小的概率让我们有了一个偶然的生命存在；独特的生命特征让我们确证了生活中的自我；有限的生命历程也让我们更加懂得“生”的宝贵，更加珍惜“生”的存在；创造性的存在又使得我们能够不断超越生命本身的价值，追求生命的崇高与辉煌，走向生命的无限。

2．树立科学的理想信念

当代大学生要使自身的生命富有价值，在大学期间，不仅要提高知识水平，增强实践才干，更要坚定科学、崇高的理想信念，明确做人的根本。

(1) 理想信念引导大学生懂得做什么人。人的理想信念，反映的是对社会和人自身发展的期望。因此，有什么样的理想信念，就意味着以什么样的期望和方式去改造自然和社会、塑造和成就自身。有理想、有道德、有文化、有纪律的“四有”新人的目标中，“有理想”具有更加突出的位置，这表明理想信念与做什么人关系重大。在大学阶段，“做什么人”是大学生们在学习生活中会时时面对的人生课题，只有树立起高尚的理想信念，才能够很好地解答这一重要的人生课题，使人的生命活得更有价值。

(2) 理想信念指引大学生明确走什么路。大学时期，大学生都普遍面临着一系列人生课题，如人生目标的确立、生活态度的形成、知识才能的丰富、发展方向的设定、工作岗位的选择，以及如何择友、如何恋爱、如何面对挫折、如何克服困难等。这些问题的解决，都需要有一个总的原则和目标，这就要确立科学、崇高的理想信念。大学时期确立的理想信念，对今后的人生之路将产生重大影响，甚至会影响终身。因此，大学生应当高度重视对理想信念的选择和确立，努力树立科学崇高的理想信念，使将来的人生道路越走越宽广，使宝贵的一生富有价值、卓有成就、充满自豪。

(3) 理想信念激励大学生知道为什么学。对当代大学生而言，为什么学的问题，是与走什么路、做什么人的问题紧密联系在一起的。全面建设小康社会和实现社会主义现代化的艰巨任务需要大学生努力学习，中华民族伟大复兴的历史使命需要大学生努力学习，个人的成长成才也需要大学生努力学习，个体生命价值的提升也需要大学生努力学习。大学生只有树立崇高的理想信念，才能明确学习的目的和意义，激发起为国家富强、民族振兴和自身成才而发愤学习的强烈责任感与使命感，努力掌握建设祖国、服务人民的本领。大学生无论今后从事什么职业，都要把个人的奋斗志向同国家和民族的前途命运紧紧联系在一起，把个人今天的学习进步同祖国明天的繁荣昌盛紧紧联系在一起，使理想信念之花结出丰硕的成长之果。

大学生在树立理想信念时要遵循“顺势成才”的规律。现阶段的中国，这个“势”就是建设中国特色社会主义，实现中华民族的伟大复兴。这也是现阶段所有中华儿女的共同理想。当代大学生要成才，就应该认识到这一大“势”，就应当确立在中国共产党领导下走中国特色社会主义道路，为实现中华民族伟大复兴而奋斗的共同理想和坚定信念。只有树立了这样一个共同理想和信念，大学生的个人理想才拥有正确方向的保证，才能指引大学生走社会主义道路，为中华民族伟大复兴努力学习，成为一名中国特色社会主义合格的建设者和可靠接班人，这无疑也是大学生生命价值的最大实现。

3．确立积极的人生态度

人生态度是人生观的重要组成部分，它是在人的社会化过程中逐渐形成的，它对个人的生命价值具有较大的影响作用。因此，大学生要确立积极、正确的人生态度，促使自己健康成长、成才，实现自己的生命价值。

(1) 大学生须认真。大学生应以认真的态度对待自己的人生，明确学习目标、生活目标，正确认识和处理人生中遇到的各种问题。要对自己、对家庭、对国家和对社会负责，满腔热情地投身于生活、学习和工作之中。

(2) 大学生当务实。大学生应当遵循客观规律并从人生实际出发来规划自己的人生，不能好高骛远，眼高手低，浅尝辄止，否则将一事无成。要坚持实事求是的思想方法和人生态度，正确处理理想与现实之间的矛盾，从小事做起，从身边事做起，脚踏实地、一步一个脚印来实现自己的人生目标。

(3) 大学生应乐观。大学生对人生发展的曲折性和规律，要有正确的认识，大学时期是人生特定的成长阶段，面对学习、就业、恋爱等各种实际问题，许多事情都不会总是尽如人意、一切顺心。所以，面对各种困难和挫折要有坚强的承受力，不能消极悲观、畏难退缩，更不能颓废堕落、自暴自弃，甚至轻生。鲁迅曾说：愿中国青年都摆脱冷气，只是向上走，不必听自暴自弃者流的话。能做事的做事，能发声的发声。有一分热，发一分光。就像萤火一般，也可以在黑暗里发一点光，不必等候炬火。这是乐观人生态度的深刻写照。

(4) 人生要进取。要以积极进取、开拓创新的态度迎接人生的各种挑战。要发扬自强不息、敢为人先、百折不挠、坚忍不拔的精神，在为他人谋福利、为社会做贡献中提升自身生命的价值，在创造中谱写自己灿烂的人生。

大学生只有拥有正确的人生态度，才能进一步强化自己的人生理想，坚定人生目的和信念，才能高歌生命的旋律。

(二) 大学生社会价值的提升

人的生命与其他生命体最大的不同就是人的活动具有目的性。人通过各种有目的的、对象性的活动来发展自己，证明自身。动物是和它的生命活动直接统一的，它自己和自己的生命活动之间没有区别。动物也有自己的生命活动，但那至多不过是一种本能的反应。动物的生命简单明了，是上天一次成功的定品。但是人的生命却是自然的半成品，自然赋予人以有限的肉体，人在此基础上发展了更高层面的自由的意识、主观体验和无限精神。人作为主体性存在物，在对象化活动过程中，则把自己生活活动本身变成自己的意志和意识的对象。也就是说，人作为有意识的社会存在物，必然具有社会性，并且人的生命价值也需要通过人在社会中的展现才能得到确认，因为“任何人类历史的第一个前提无疑是有生命的个人的存在”。作为历史的创立者，人不仅是一种“饮食男女”的自然的生存，更是一种精神的追求，表现为人对理想、感情、道德、精神、信仰和价值的追求。人类需要通过实践改造外部对象，并使之从属于自己，生命需要通过目的来表现其活力与价值。生命是有限的、短暂的，但是人类整体生命的延续却是无限的、永恒的。生命通过对意义的发现，将生命的有限推向永恒的无限。人生命的有限性是人一切活动的起点。由于生命的有限，人才通过科学技术发明弥补人的身体的有限；由于生命的有限，人才追求精神、信仰的无限，用精神的无限来补足自然生命的有限；由于生命的有限，人才追求各种思想、文化弥补人生的有限，通过文化的无限来代替人的肉体的有限。无限是生命意识到自身有限时对自身的超越，生命正是在无限和有限的交替中，不断螺旋上升。

1．明确生命的社会价值的标准与评价尺度

大学生要提升自己生命的社会价值，就要了解个体生命的社会价值标准和评价尺度，明确了评价标准和评价尺度，人生才有正确的取向标，才可以在奋斗过程中不断去调整、修正目标。

(1) 生命的社会价值的标准。个人生命的社会价值，是个体的人生活动对社会、他人来说所具有的价值。在人的社会生活中，每个人是手段同时又是目的，只有成为他人的手段才能达到自己的目的，而且只有达到自己的目的才能成为他人的手段，个人既不单纯是社会和他人的手段，也不单纯就是目的。所以，生命的社会价值和自我价值是辩证统一的。一方面，自我生命价值的实现是以个体为社会创造更大的价值为前提的。生命的自我价值是个体生存和发展的前提条件，只有个体自身物质和精神需要得到了满足，即个体自我价值不断实现，才能为社会、他人做出自己的贡献，创造社会价值。另一方面，生命的社会价值是实现自我价值的基础，没有社会价值，生命的自我价值就无法存在。人的本质属性是社会性，人总是生活在一定的社会当中，个体无法脱离社会而存在和发展。个体的人只有在社会中，才能使自己的物质和精神需要得到满足，一个人的需要以怎样的方式和能在多大程度上得到满足也是由社会决定的，即个人生命价值的实现取决于他的人生活动对他人和社会的贡献，即他的社会价值。所以，一个人生命的社会价值高低主要是看其对社会贡献的多少。

(2) 生命社会价值评价的尺度。对生命社会价值的评价值尺度主要是看一个人的人生活动是否符合社会发展的客观规律，是否通过实践促进了历史的进步，是看个体劳动以及通过劳动对社会和他人做出的贡献。劳动和贡献的尺度是对人生评价根本尺度的一种具体化，也是社会评价一个人的生命价值的普遍标准。一般来说，一个人通过劳动对社会和他人所做的贡献越大，在社会中获得的生命价值的评价就越高。在社会主义社会中，衡量生命的社会价值的标准，就在于看一个人是否以自己的劳动和聪明才智为中国特色社会主义事业、为广大人民群众的利益、为我国和谐社会的建设做出了真诚奉献。

2．生命的社会价值的评价方法

要比较客观、公正、准确地评价人类生命的社会价值的大小，除了掌握科学

的标准外，还需要掌握恰当的评价方法，具体表现在以下“四个坚持”。

(1) 坚持能力有大小与贡献须尽力相统一。由于每个个体生命的独特性，其能力是有区别的。同时，每个个体所具备的实现生命价值的各种条件也是有差异的，这就决定了个体对社会贡献的绝对值不同。所以，考察一个人生命的社会价值，要把个人对社会的贡献同他的能力以及与发挥自己能力相对应的社会条件联系起来。不能简单地认为能力大的人就实现了生命价值，能力小的人就没有实现生命价值。在社会主义社会，大学生只有在自己的工作岗位上尽职尽责、兢兢业业，尽了自己的力量和责任去学习和工作，就应该对其生命的社会价值给予积极、肯定的评价。而那些在学校里虚度年华，有能力不奉献，只知索取的人是得不到社会肯定的评价的。因此，毛泽东说过：“一个人的能力有大小，但只要有这点精神，就是一个高尚的人，一个纯粹人，一个有道德的人，一个脱离了低级趣味的人，一个有益于人民的人。”

(2) 坚持物质贡献与精神贡献相统一。社会的发展与进步是物质文明和精神文明的共同发展与进步，社会劳动的内容是物质生产劳动和精神生产劳动的统一。因此，评价一个人生命的社会价值，不仅要看他对社会做出的物质贡献，也要看他对社会做出的精神贡献。精神贡献是无形的，但它对社会发展的巨大推动力有时是不可估量的。正如爱因斯坦所言：“现在这代人往往注意我们发明了什么，有哪些著作，实际上我们这些人的道德行为对世界的影响从某种意义上来讲更大。”大学生是经受党和国家多年培养教育的人，是国家的栋梁之材，关系到国家的前途和命运以及后继发展。因此，大学生不仅要重视对社会的物质贡献，而且要更加重视对社会的精神贡献，重视物质贡献与精神贡献的有机统一。

(3) 坚持完善自身与贡献社会相统一。要正确认识生命的自我价值与社会价值的关系，虽然生命的社会价值是实现自我价值的基础，评价生命价值主要应看一个人的生命活动对社会和他人所做的贡献，但这并不意味着要否认生命的自我价值。社会是人创造并由个体生命组成的，人的自我完善和全面发展，个体自身物质和精神需要得到了满足，才能为社会和他人做出自己的贡献，创造更多的社会价值。大学阶段正是大学生处在完善自我、掌握本领，为社会贡献的关键时期。因此，大学生只有把握好人生关键又美好的时期，不断加强自身修养，增强才干，将来才能为社会奉献更多的聪明才智。

(4) 坚持动机和效果相统一。动机和效果是相辅相成的，动机引发行为，行为造成效果；效果由行为造成，行为由隐藏其后的动机支配。一般说来，动机善，相应的效果也善；动机恶，相应的效果也恶。但是，动机与效果并不总是一致的，在某些情况下，善的动机也可能产生恶的效果，恶的动机也可能产生善的效果。所以，在生命的社会价值评价中，要坚持动机和效果辩证统一，既注重其生命实践的最终结果，又要全面考察其具体的生命实践历程。通过联系动机看效果，透过效果察动机，只有这样才能正确、客观评价一个人的人生价值。毛泽东指出："一个人做事只凭动机，不问效果，等于一个医生只顾开药方，病人吃死了多少他是不管的。又如一个党，只顾发宣言，实行不实行是不管的。试问这种立场也是正确的吗？这样的心，也是好的吗？事前顾及事后的效果，当然可能发生错误，但是已经有了事实证明效果坏，还是照老样子做，这样的心也是好的吗？我们判断一个党，一个医生，要看实践，要看效果。"同样，看一个人生命的社会价值，既要看其生命的动机如何，又要看其是否对社会有贡献，也就是效果如何。只有将两者结合起来分析，才能评价出其生命是否有社会价值。

第四章　大学生诚信教育

我们倡导爱国、敬业、诚信、友善，强调“深入开展道德领域突出问题专项教育和治理，加强政务诚信、商务诚信、社会诚信和司法公信建设”。诚信，即诚实守信，乃立国之基、立身之本。诚信作为中华民族传统美德之精华、中华民族传统文化的精神追求，虽历经上千年的发展演变，但其对于整个社会的意义与价值亘古未变。大学生是十分宝贵的人才资源，是祖国的未来、民族的希望，肩负着我国全面建成小康社会、实现中华民族伟大复兴“中国梦”的重要使命。大学生的诚信品质缺失更应引起人们的关注与重视，大学生诚信教育成为当前高校思想政治教育理论研究的重要内容。本章开展大学生诚信问题的研究，对我国高校诚信教育的现状进行深刻反思，在此基础上，提出实施诚信教育的基本策略，进一步帮助当代大学生普遍达到真诚、守信的理想道德境界，为新时期高校开展诚信教育提供一定的理论基础和实践依据。

第一节　大学生诚信教育的科学内涵及重要性

诚信是社会最普遍也是最基本的伦理价值需要。诚信是由“诚”和“信”两个概念组成。诚，指真诚，诚实；信，指信任、信用和守信。作为一个科学的道德范畴，“诚”与“信”合起来是现代社会的产物。古往今来，我国道德教育中都把诚信教育作为重要组成部分，为师者无不将之视为教育学生的重要内容，从目的性上来说它与道德教育具有一致性，同时其本身所具备的特征又不同于道德教育。社会主义核心价值观的一个重要内容就包括诚信观，大学生诚信教育已经成为高校思想政治教育工作的重要任务。

一、诚信的词源学含义

（一）“诚”的传统释义

在中国，“诚”与“信”作为重要的伦理规范和道德标准，在最初的时候两者是分开使用的。一切事物都有自己的源头，“诚”与“信”之间有着深厚的历史渊源，是指享受那些能够虔诚的人的祭祀。此时的“诚”主要是指笃信鬼神的虔诚。其他经书则不太论及“诚”字。《易传》中的《乾卦·文言》有“闲邪存其诚”，意为约束邪念，保持诚实。但它距离《尚书》的时代已经很久远了。另一部儒家经典《论语》中也使用过“诚”字，但只出现过两次，并且是作为助词用，意思是“真正”“真实”。孟子对于“诚”的这种道德概念的完善做出了重要贡献。他多次论述“诚”，认为“诚”是道德本体，并把“诚”提升到“天道”的高度，“诚”逐渐成为一个重要的道德概念。孟子推崇“至诚”，认为在道德教育上，提高个人修养的有效方式是真诚。他说：“诚者，天之道也；思诚者，人之道也。至诚而不动者，未之有也；不诚，未有能动者也。”(《孟子·离娄上》)他认为，“诚”是宇宙运行的基本规律，也是人接受道德教育的基础。一个人修养的关键是要努力追求“诚”这种理想人格，一个人如果做不到“诚”，是无法使他接受道德教育的。荀子发挥了孟子“诚”的思想，并开始把“诚”从做人之道扩展为治世之道。他认为：“夫诚者，君子之所守也，而政事之本也。”(《荀子·不苟》)朱熹对“诚”的解释是，“诚，实也。”(《朱子语类》)，“诚者，真实无妄谓，天理之本然也。”(《四书章句集注·中庸章句》)可见，所谓“诚”，即真实、诚实、实在、忠诚。《礼记·大学》中说：“物格而后知至，知至而后意诚，意诚而后心正，心正而后身修，身修而后家齐，家齐而后国治，国治而后天下平。”该书的观点是，“诚”在君子个人修养和社会实践中起到了承上启下的作用，在个人修养中，在格物致知的基础上达到“意诚”，“意诚”才能“心正”，进而修身、齐家、治国、平天下，因而“诚”是一种非常重要的道德品格。这段关于“诚”的论述，体现了儒家关于“诚”的认知，很有代表胜。由此可以看出，“诚”字在成为一个独立的道德范畴之前，经历了一个内涵和外延逐渐引申和演化的过程。

(二) “信”的传统释义

诚实，不欺不诈可以说是信的基本含义。“信”被使用可以追溯到“孔子”之前。最初是指祭祀时怀着诚实的态度对待上天和先祖，随着时间的发展其所具有的宗教色彩被逐渐褪去，发展成为一种重要的社会道德规范，指的是言行恪守诺言。子张曾问孔子，什么是“仁”？孔子认为，能做到“恭、宽、信、敏、惠”五德就是做到“仁”了(《论语·阳货》)。他把“信”作为“士”最基本的道德要求。《论语·子路》记载，子贡请教何为“士”。“子贡问曰：‘何如斯可谓之士矣？’子曰：‘行已有耻，使于四方，不辱使命，可谓士矣。’曰：‘敢问其次。’曰：‘宗族称孝焉，乡党称弟焉。’曰：‘敢问其次。’曰：‘言必信，行必果，硁硁然小人哉！抑亦可以为次矣。”这是孔子对于“士”的基本要求，认为“言必信，行必果”是最次一等的“士”要做到的。此后，“言必信，行必果”也成为后人立身处世基本的道德规范。

二、诚信道德观的起源与发展

（一）诚信道德观的起源

“诚信”作为一种恭敬、审慎的心理状态，起源于先民在宗教祭祀时对天神、祖先的敬畏、虔诚的宗教情感。

1. “诚信”的宗教情感来源于天神崇拜

天神崇拜由原始时代的自然崇拜发展而来。在原始社会，社会生产力水平低下，生产工具十分简陋，人们对大自然是一种敬畏的态度，对大自然的一些现象无法理解，便对大自然产生了恐惧心理和依赖感，产生了以自然崇拜为内容的原始宗教。在原始人的心目中，自然物也同人一样，具有思想、意志和感情，也有各自的灵魂存在，即万物有灵的观念。后来，随着王权的出现，“天”上升为至上神，统治着百神，成为百神之首。既然天神和自然之神管辖着各种自然物象，为了求福避祸和保证农业丰收，就得讨好它们，于是便产生了种种繁多的宗教祭祀活动。在宗教祭祀活动中，人是献祭者与祈求者，神灵则是赐福者与满足祈求者。神灵无所不能，有求必应，祭祀者必须做到心“诚”，他们的精神才可以与神灵互相贯通，接受神灵的赐福。这就是“心诚则灵”的原则。在我国的古代典籍中，多处强调了这种原则。《书·太甲》云：“鬼神无常，享享于克诚。”《书·大禹谟》云：“至诚感神，矧兹有苗。”《礼记·曲礼》曰：“祷词祭祀，供给鬼神，非礼不诚不庄。”这种祭祀原则，直接影响了儒家的思想。《论语·八佾》曰：“祭如在，祭神如神在。”《中庸》云：“至诚如神。”这些都是“心诚则灵”的发挥。

2. “诚信”的宗教情感来源于祖先崇拜

祖先崇拜是从原始社会的灵魂崇拜和图腾崇拜发展而来的。由于相信人死后有灵魂，因而才会有对祖先神灵的崇拜，追寻氏族的生存繁衍之本，也才会有对先人的敬奉。天为百神之首，祖先则为百鬼之先。“万物本乎天，人本乎祖”，为了“报本返祖”，则需要宗教祭祀活动。

在祭祀祖先的活动中，“诚”同样是必须的宗教情感。《礼记·祭统》曰：“身致其诚信，诚信之谓尽，尽之谓敬。敬尽然后可以事神明，此祭之道也。”诚信就是深厚的宗教情感，没有这种宗教情感，宗教祭祀就失去了它的灵魂。为了在祭祖时笃实孝子的思想感情，就必须在心中再现祖先的音容笑貌。祖先的形象不离左右，长存于脑海，思之既诚，祭之必敬，而所作所为绝不能违离于祖训。这种以诚祭祖的思想同样被儒家所接受和保留。孔子曰：“祭思敬，丧思哀。”这就是"诚"。《论语·学而》曰："慎终追远，民德归厚矣。"主张祭祀祖先时感情上要诚信，祭祀祖先可以培养人们的孝悌之心，突出地强调了以诚祭祖的道德教化功能。

总之，诚信是时代的产物。诚信是一种道德品质和规范，它并非先验产生，而是起源于人们之间的日常交往活动和人对自己行为的自觉与自律。在漫长的原始社会，社会组织的基本单位是氏族，调整社会关系的社会规范是人们在长期的生产生活过程中形成的风俗和习惯。《礼记·礼运》曰："大道之行也，天下为公，选贤与能，讲信修睦。"这句话描绘的"大同"时代，实际上是对原始社会类生活及其道德风尚的某种追忆。但是，这种"讲信修睦"的风尚所要求的"信""睦"，还只是一种自发的"诚信"，还没有成为自觉的道德品质。春秋至战国，伴随着社会制度的转型，在思想领域中出现了百家争鸣的局面。这个时代被称为"人的觉醒"的时代，人的思维摆脱了"天"的束缚，开始反思自身，发现了人自身的道德尊严，肯定了人自身的道德生命的伟大。其中，以孔孟为代表的儒家正式将"诚信"确定为调整人与人之间、人与社会之间关系的道德规范，并认为做到诚实无欺是人的崇高的道德使命。

(二) 诚信道德观的发展

《道德经》中提出："上善若水。水善利万物而不争……居，善地，心，善渊；与，善仁，言，善信；正，善治，事，善能；动，善时。"认为天下诚信的前提是统治者首先要诚信，要以信治国。孔子更是把诚信作为儒家思想的重要内容，主张在人际交往、社会治理、个人修身等方面都要注重"信"的培养。他在《论语·为政》中提出"人而无信，不知其可也"，把诚信看作是人立世修身的重要内容。他认为，治理国家的基本出发点也是"主忠信"。墨子认为，"言不信者，行不果。"庄子认为："不精不诚，不能动人。"韩非子认为："巧诈不如拙诚。"管子认为："诚信者，天下之结也。"由此可见，尽管先秦诸子百家在政治主张、国家治理方略上不尽相同，但在对于"信"的认识方面却是趋同的，认为"信"无论对于个人修身还是国家治理，都是非常重要的道德规范。

到汉代"罢黜百家，独尊儒术"成为统治者实行的主要纲领，这一时期的主要统治思想由儒家思想占据主导地位，在维护封建统治方面"信"成为"五常"之一。"仁""义""礼""智""信"成为封建社会基本道德规范。自汉代以后，各朝都沿袭了先贤们的诚信思想并在实践中加以运用。

魏晋南北朝时期，人们思想活跃，诚信的思想内涵也得以不断充实。诸葛亮把诚信作为衡量人的标准，在《将苑》中提出"期之以事而观其信"。思想家颜之推在《颜氏家训》中阐述家庭道德教育，说"信者，不妄之禁也。"文学家刘勰从哲学、史学的角度说“信”，“信者行之基，行者人之本。人非行无以成，行非信无以立。故信之行于人，譬济之须舟也。”他阐述了无论是个人还是群体都要以诚信为基本点。

隋唐时期，经济获得了空前的发展，社会秩序稳定，由此使得文化获得了较快的发展。在隋唐诚信观中颇有代表性的是帝王诚信，尤其受到李世民的重视，“以大信行于天下”。据《资治通鉴》记载：“上曰：君，源也，臣，流也；浊其源而求其流之清，不可得矣。”说的是君主诚信的重要性。君主是水的源头，官员则是水流。如果水的源头污染了，却希望水流是干净清澈的，这是不现实的。

唐代《群书治要·体论》中提出：“夫妇恩矣，不诚则离；交接有分矣，不诚则绝。”从家庭伦理道德方面谈诚信，认为夫妻之间要以诚相待。唐代史学家吴兢在多部著作中论及诚信，如“上不信，则无以使下；下不信，则无以事上，信之为道大矣。”吴兢的诚信观对唐朝的政治诚信具有很大的影响。唐太宗时期，不仅主张政治、文化等方面要讲诚信，而且主张修史要诚信，不虚善，不掩恶，而且身体力行，率先垂范实践诚信。因此，在唐代的太宗时期，政治清明，社会安康，百姓安居乐业，出现了封建社会发展的顶峰——贞观之治。

不可否认的是，对于许多事物的理解各家学派存在很多分歧，但在诚信观上是一致的，并不断在原有理论基础上赋予新的含义。北宋哲学家程颢、程颐关于诚信的论述就有很多，主要体现在其著作《二程集》及其他著作中，他们认为，信就是诚，诚信是做人的必备品德。“是故君子有大道，必忠信以得之，骄泰以失之。”程颐对于学术诚信的提出颇有新意，他认为学者一定要讲诚信。“学者不可以不诚，不诚无以为美，不诚无以为君子。修学不以诚，则学杂；为事不以诚，则事败；自谋不以诚，则是欺其心而自弃其忠；与人不以诚，则是丧其德而增人之怨。今小道异端，亦必诚而后得，而况欲为君子者乎。故曰：学者不可以不诚。” 可见，程颐把诚信看作是非常重要的道德来加以论述，把学者是否讲诚信看作是否是君子的标志，并且从为学、为人、为事等方面都阐述了诚信的重要性。南宋哲学家朱熹是理学的集大成者，他的伦理思想对后世产生很大的影响。朱熹善于用平实的语言来论述诚信，更加形象生动。他认为，“诚意，是真实好善；恶恶，无夹杂。”“诚意只是表里如一。若外面白，里面黑，便非诚意。” 北宋政治家王安石、范仲淹，史学家司马光都认为治理国家君主诚信非常重要，要做到诚信用人，法制诚信，“经世致用”，才能治国平天下。

在继承前人思想的基础上明清时期的诚信伦理道德观获得了新的发展，在诚信实践上具有一定的突破性。“知行合一”这一学说由哲学家王守仁提出，认为“知是行之始，行是知之成”。他认为君子要名副其实，“古之君子，耻有其名而无其实”。他从理论与实践结合的角度论述了如何实践诚信，认为君子是知行合一的。明清启蒙思想家王夫之把“诚”作为一项哲学命题论述，认为“诚”是宇宙的基本规律，“诚者，天之道也，阴阳有实之谓诚。”同时，王夫之关于“诚”的论述也具有伦理学的色彩。他说“性者，诚之所丽也”，认为因为有了“诚”，人性(包括仁、义、礼、智、信)则充满美好。他不仅把“诚”作为天道，也将其作为人道加以论述，具有哲学和伦理学的双重思辨。

值得一提的是，在伦理道德领域不仅仅体现出中国传统诚信观，明末清初，资本主义开始在中国萌芽，由此使得人们开始重视经济领域中的诚信，体现了“经世致用”。明清最大的晋商、徽商都很重视诚信，诚信经商，以期取得良好声誉。徽州商人吴南坡曾宣示：“人宁贸诈，吾宁贸信，终不以五尺童子饰价为欺。”所以，他出售的“南坡布”货真价实，深受顾客信任。久而久之，四方顾客都十分相信他。只要去买布，看见的是吴南坡的铺面，不管价钱，买了就走。诚信从伦理道德领域扩展至商业领域，一定程度上促进了经济的发展、贸易的繁荣。

时代在不断发展，无论人类社会发展到多么高级的时代，诚信这一自古至今永恒的命题随着历史的发展在内容、功能等方面得到不断充实与完善。

三、大学生诚信教育的内涵

党中央、国务院《关于进一步加强和改进大学生思想政治教育的意见》中明确提出，要引导大学生自觉遵守爱国守法、明礼诚信、团结友善、勤俭自强、敬业奉献的基本道德规范。

当进入 21 世纪，随着全球化进程的加快，世界各国的竞争归根结底已经演变成人才的竞争。而大学生群体是一个国家人才的基础所在，是我国建成小康社会的建设者和主力军。因此，对大学生进行诚信教育、铸就其诚信道德基础，并将其视为人才培养过程中的关键点，这不仅是将大学生培养成为我国新时期全面建成小康社会所需要的德才兼备人才的根本途径，同时也是保证我国市场经济有序运行，使我国在全球化竞争中占据有利位置，最终实现中华民族伟大复兴的关键所在。大学生诚信教育是高等院校思想政治教育的重要内容，也是社会诚信教育的重要组成部分。

具体说来，广义上的大学生诚信教育是指通过学校、社会和家庭实施的针对大学生培养诚信观念的一切相关教育。它所设计的范围是很广的，大学生在学校接受的诚信道德教育不仅包括于其中，同时还包括其在学校以外的社会中受到的诚信意识和氛围的影响和熏陶，以及在其家庭教育中接受来自父母的最基本的诚信教育。狭义的大学生诚信教育，是指大学生仅仅通过高校这一种途径所受到的有关诚实、守信等道德教育的相关教学活动，大学校园是大学生诚信教育最重要的阵地，而作为高等院校，对学生进行诚信教育也是其日常思想政治教育的主要工作。高校对大学生进行诚信教育的基本内容就是加强大学生对传统道德中“诚实守信”的认识。

大学生作为一个特殊群体，对其所实施的诚信教育既有高校道德教育的一般特点，同时也拥有其自己的特性，与中小学生有很大的不同。大学生与社会的交集更多，与社会各个层面联系也更加紧密，有更多的机会参与社会实践活动。同时，由于大学生的人生阅历尚不够丰富，而且价值观、人生观尚未完全建立起来，对道德行为的判断能力不足。在面对社会上的消极现象时，在人际交往和社会实践中极易受到外界影响。要切实达到提高大学生诚信教育实效性的目的，就要通过社会与学生家庭以及高校产生合力，帮助大学生树立良好的诚信观与是非观，面对社会腐败风气时能够做到维持本心、明辨是非。

四、当前大学生诚信教育的必要性

大学生是整个社会青年群体中充满朝气和创造力的优秀群体，是否具备诚信品质，直接影响着当代大学生综合素质的高低，对于培养中国特色社会主义合格建设者和可靠接班人，确保我国在激烈的国际竞争中始终立于不败之地，确保实现“两个百年”目标，具有重大而深远的战略意义。因此，要结合当前经济社会发展和大学生自身实际，有针对性地开展大学生的诚信教育。

（一）大学生诚信教育是高校思想政治教育的组成部分

进入 21 世纪，随着全球化速度的日益加快，世界各国的竞争，究其根本就是人才的竞争；而大学生群体是一个国家人才的基础所在，是我国建成小康社会的建设者和主力军。因此，对大学生进行诚信教育、铸就其诚信道德基础，并将其视为人才培养过程中的关键点，这不仅是将大学生培养成为新时期全面建成小康社会所需要的德才兼备人才的根本途径，同时也是保证我国市场经济有序运行，使我国在全球化竞争中占据有利位置，最终实现中华民族伟大复兴的关键所在。

大学生正处于人生中最重要的转折期，在大学期间随着接受教育程度的提高，他们的人生观、价值观必将会逐步成熟起来，从而确立自身独立的人格。同时，在这一时期也更容易受到外界不良因素的影响。因此我国历来十分重视大学生思想政治教育，各个高校都配备了大量的专职思想政治辅导员。大学生诚信为本教育是对学生全面发展进行的一种价值观教育，也就自然成为高校思想政治教育的重要组成部分。以基本道德规范为基础，深入进行公民道德教育是加强和改进大学生思想政治教育的主要任务，并要以诚实守信为重点。随着时代的发展，作为中华民族的传统美德，诚信的内涵和意义也在不断地丰富和发展，对于大学生群体开展诚信为本教育，对于大学生形成正确的人生观、价值观有重要的作用。同时，诚信教育与思想政治教育相辅相成，高校面向大学生群体开展诚信教育，在很大程度上提高了高校思想政治教育的实效性。可以说实施诚信教育，能够进一步完善大学生的道德素质，进而推进大学生素质教育的质量提升。当前我国高校思想政治教育存在着一些问题，枯燥的说教导致大学生对思想政治教育的相关课程缺乏学习热情，影响着思想政治教育实效性的提高；而作为中华民族的传统美德，诚信自古便是人们安身立命的道德要求，尽管随着市场经济的不断发展，诚信被赋予了更多的内涵和意义，但是并不妨碍其成为人们普遍认同的道德标准。同时诚信教育被更多的是以古今中外的典型案例进行深入浅出的讲解，更具有故事性，也更通俗易懂，把握好这一特性就使得诚信教育易于被当今大学生所接受。因此当前高校思想政治教育以大学生诚信教育为切入点，有效地提升高校思想政治教育的实效性。

（二）大学生诚信教育是社会主义市场经济发展的需要

所谓“人无信不立，商无信不盛，市无信不兴”，诚信自古以来便是中国商人信奉的生存法则。徽商吴南坡奉行“宁奉法而折阅，不饰智以求赢”“人宁贸诈，吾宁贸信终不以五尺童子而饰价为欺”的行商原则；同仁堂恪守了数百年的“炮制虽繁必不敢省人工，品味虽贵必不敢减物力”的古训，树立起来了百年同仁堂“合无人见，存心有天知”的自律意识等，都说明了中国古代商家的成功“途径”在于“诚信”二字。同样的道理，社会主义市场经济活动必然会受到社会主义道德的约束。市场经济是契约化的经济，这就使得契约双方是平等的主体关系，尊重对方的权利是进行企业化活动的前提，具体来说在教育中表现出的诚信精神就是尊重对方权利的最好体现。

诚实守信是社会主义市场得以有序发展的道德基石。市场经济主体完成各种经济行为的基础在于双方在进行交易的同时必须恪守信用，严守交易规则，达成相互信任的经济关系。因此，要维护社会主义市场经济秩序的良好运转，就势必要有一批严守诚信观的高素质人才。而大学生群体是国家未来的建设者，是全面建成社会主义小康社会的后备军，大学生群体的诚信道德水平，直接影响到社会主义市场经济的发展速度，甚至决定了社会主义小康社会的建设质量。高校进行大学生诚信为本教育，提高大学生的诚信道德素质，培养大学生树立社会主义荣辱观，使其形成健康向上的人生观、价值观，正是社会主义市场经济对人才内在品质的基本要求。同时，在全球经济一体化以及社会主义市场经济高速发展的今天，社会各方对于大学生个人道德品质的要求都在不断提高，大学生在严酷的就业压力下，想要在无数竞争者中脱颖而出，在具有相应的专业知识的同时，必须具备诚实守信的道德品质，这是社会主义市场经济的必然需求。

(三) 大学生诚信教育有助于大学生实现“中国梦”

近代以来中华民族的伟大梦想就是实现中华民族的伟大复兴。在实现“中国梦”的征程中，如何才能凝心聚力，实现国家富强、民族振兴、人民幸福，“中国梦”具有深厚的价值内蕴，以“三个倡导”为主要内容的社会主义核心价值观，正是“中国梦”价值内蕴的具体体现。而诚信，更可谓是实现“中国梦”的道德基石。党的十九大报告明确提出：“要深入开展道德领域突出问题专项教育和治理，加强政务诚信、商务诚信、社会诚信和司法公信建设。”培育和践行社会主义核心价值，加强诚信建设就是一个重要的内容，这也是在社会主义市场经济条件下促进市场繁荣的基础，对于加强和创新社会治理具有重要意义。在高校中，对大学生群体进行诚信教育对于大学生实现“中国梦”有重要推进作用。通过诚信教育培养大学生诚实守信的优良品质，使其获得立足于现代社会应有的道德素质，其自身所具备的各种专业素养才能充分发挥出对构建社会主义和谐社会产生积极效用，大学生的“中国梦”才能实现。

第二节　当代大学生诚信教育现状及原因探析

从高度集中的计划经济体制转变为充满活力的市场经济体制，是我国当代最具基础性的社会变革。随着深刻的社会转型，经济的迅猛发展，物质财富的极大增加，人民的物质生活水平的明显改善和提高有目共睹。然而在取得巨大成就的同时，也面临着种种严峻的考验。这些考验，在道德领域特别是诚信方面表现得尤为突出。随着市场经济的不断发展，社会结构发生了重大的转型，利益分配关系呈现出多样化，在这种形势的影响下，当代大学生的诚信道德由于受到诸多外部因素的影响，出现了一些不容忽视的问题。因此对大学生进行诚信教育是极其必要的，这就要求高校必须正视我国大学生诚信现状，充分把握诚信教育的客观规律。

一、我国高校诚信教育现状

新时期以来，党和国家一直将公民思想道德建设，列为国家能够长治久安的重要工作之一。党的十六大报告就明确指出：“依法治国与以德治国相辅相成，要切实加强思想道德建设，要建立与社会主义市场经济相适应、与社会主义法律规范相协调、与中华民族传统美德相承接的社会主义思想道德体系。”党的十七大报告中也指出建设和谐文化，培育文明风尚时，强调要“以增强诚信意识为重点”。党的十九大报告更是明确将诚信列为社会主义核心价值观之一，并明确指出仍然有很多的不足存在于我们的工作中，在前进道路上遇到困难和问题是必不可少的。主要是一些领域存在道德失范、诚信缺失现象。全面提高公民道德素质，这是社会主义道德建设的基本任务。

基于这种背景，国家对于作为社会主义未来建设者的主力军——大学生群体的思想道德建设尤为重视。2002 年 2 月，教育部发布《关于加强学术道德建设的若干意见》，在日常工作中明确提出规范学术诚信，整治学术腐败问题。2004 年 3 月，为了增强大学毕业生诚实守信的意识，劳动和社会保障部印发《诚信教育大纲(试行)》。2004 年 5 月，为了促进大学生考试诚信建设，《国家教育考试违规处理办法》出台，在很大程度上加大力度打击考试违纪作弊的行为。同年，党中央、国务院发布了对于大学生思想政治教育有深远影响的《关于进一步加强和改进大学生思想政治教育的意见》，对当前大学生思想政治教育面临的形势和任务进行了深刻分析，从多层面分析了大学生诚信教育，包括指导思想、基本原则、基本要求、主要途径和方法，可以说该文件是新时期高等院校开展思想政治教育、提高大学生诚信品德、促进大学生全面发展的纲领性文件。根据该文件的相关精神，各大高校结合自身实际开展了丰富多彩的大学生思想政治教育，有效地提高了大学生自身道德素养。

与此同时，全国各个高校也都纷纷出台了相应的诚信管理制度，例如，北京大学的《本科考试工作与学术规范条例》、北京外国语大学的《科学研究行为规范及管理办法》、首都医科大学的《关于违反学术规范行为处理办法》，等等。同时许多高校结合自身实际，根据 2004 年教育部、财政部、中国人民银行共同颁布的《关于进一步完善国家助学贷款工作若干意见》以及教育部《普通高等学校毕业生就业工作暂行规定》制定了本校的《国家助学贷款管理办法》及毕业生就业工作的实施办法等，用以规范本校学生在就业及申请、偿还助学贷款等行为，保证学生在遵守规则的同时，严守诚信底线。

二、我国大学生诚信缺失现状分析

(一) 诚信观念的淡薄

诚信观的迷茫是目前大学生诚信缺失的首要问题。由于受到家庭、社会、网络等影响，大学生群体中诚信无用论思想有一定的市场。一方面，一些大学生认为，国家、学校对其进行诚信教育没有现实意义，因为知识和能力才是他们将来能够立足于社会的资本，学到本事才是真的，至于诚信教育，无非是浪费他们的时间，完成学校的任务。另一方面，一些大学生认为，当今社会竞争日益激烈，大家无所不用其极，恪守诚信只会使自己处于竞争的劣势，即使不会被社会淘汰也会损失大量的时间和金钱。目前，有部分大学生存在着利己主义、贪图享乐、拜金主义等错误的人生观，缺乏坚定的信念和崇高的理想。

(二) 学习生活中诚信的缺失

作为大学生，首要任务是完成学业，通过在大学期间的学习不断丰富自身知识，增长才干和能力，最终在走出校园时，能够成为国家的栋梁。然而，大学的生活和学习环境相对宽松，一些大学生在缺乏老师和家长的管理后，便开始放纵自己，将大量的时间、精力投入课外活动和网络游戏，以至于荒废学业。有人为了自己能够获得相应的成绩、奖助学金及荣誉称号等，不惜铤而走险，采取作弊或者抄袭等不诚信手段实现自身利益最大化，这同时也导致了学术不诚信现象。

其一，考试作弊问题突出。对于大学生，考试和成绩是他们在求学生涯中最常见的也是最熟悉的衡量其阶段性学习成果的方式。

因此，几乎每所高校对于考试作弊都有严厉的处罚措施，并且耗费人力、物力安排了众多监考教师和考场督查、巡视人员。但令人惋惜的是，在不挂科、考高分、拿奖学金等目标的驱使下，无论何种考试，都会有人以身试纪，在参加考试的过程中发生作弊行为，从而受到惩罚甚至被退学。在这些大学生的眼中，诚信成了一种脆弱的美德，一旦涉及利益就会夭折。更加令人担忧的是，目前对于考试作弊，大学生缺乏正确的是非观。现在的一些大学生是持着见怪不怪的态度大有人在。对于一些大学生而言，作弊已成了一种习惯。在教室之中，我们稍加留意便会发现那些并不和谐的课桌文化：英语单词、计算公式、专业术语及相关概念。更有经典总结：“学不在精，作弊则灵；功不在深，会抄就行。”作弊之风气，由此可见一斑。

其二，抄袭现象严重。目前一些大学生没有明确的学习目标，学习态度也不够端正，对抄袭、剽窃行为不以为意，不认为是可耻的、不道德的事情，他们把时间用在游戏、上网聊天等事情上。对于教师安排的作业、实验课程等往往采取抄袭、网上下载或伪造实验数据等方式“应付”；而在学术论文，尤其是毕业论文方面，一些大学生在写论文的时候奉行“天下文章一大抄”，甚至一些高校的教育工作者也认为，大学生论文抄袭已经走向了公开化。加之网络的高速发展也为学术抄袭提供了便利，任何学术话题，学生只需要手指一动便可以获得大量与相关的资料，这样造就了大量的“鼠标论文”。而大量有关“代写论文”的小广告和网站，以及毕业论文攻略，也说明了这一现象的普遍性。

(三) 经济生活中诚信的缺失

随着社会主义市场经济体制的确立和发展，作为一个重要的市场主体，大学生已经逐渐参与到社会主义市场经济活动的各个层面，其本身能否恪守诚信，对于大学生群体的社会认可度及其参与的社会生活都有重要的影响。从总体上来说，在现代经济生活中，大学生的诚信状况是比较好的，但是在一些方面还是不同程度地出现了诚信缺失的现象，主要表现如下。

1．申请助学贷款、助学金信息弄虚作假

由于现在国家对于经济困难的大学生的帮扶力度逐渐加大，部分经济困难的大学生为了得到更多的国家助学金、困难补助，故意夸大家庭的困难程度，甚至个别家庭富裕的学生也通过提供虚假信息、开假证明等方式获得助学金，从而使真正需要资助的经济困难的大学生反而得不到相应资助。与此同时，个别得到助学金、困难补助的大学生，在得到帮扶后，不知珍惜，反而花钱大手大脚，请客吃饭，买名牌服装、高档用品等，在师生中造成了极坏的影响，并极大地损害了大学生群体的诚信度。

2．助学贷款还款拖延

国家助学贷款政策实施以来，帮助了许多家庭困难的大学生顺利完成大学学业。然而，有为数不少的学生没有按时还贷，甚至在毕业以后通过各种各样的形式拒绝还贷款。这部分大学生的恶意欠款行为直接导致诸多银行不愿继续发放助学贷款，使原本对万千寒门学子大有益处的国家助学贷款政策陷入了尴尬境地，影响了以后的助学贷款工作，也极大地损害了大学生群体的社会认可度。

3．欠费严重

高等院校教育经费的50%以上是源于其根据国家政策向学生收取的学费、住宿费，可以说学生缴纳的学费、住宿费是学校教育事业收入的重要来源。然而，目前全国高校大学生拖欠学费、住宿费的情况比较严重，这样不仅对学校的正常教学工作产生了负面影响，也阻碍了学校的可持续发展。学生离家求学，对于钱财有更多的自主性，由于受到攀比之风的影响，一些学生除正常支出外，将要交学费的钱用于购置奢侈品、谈恋爱、旅游、炒股票甚至赌博，挥霍殆尽，甚至是能够支付学费而故意拖欠，想拖到毕业后不了了之。这既给家庭造成新的经济负担，又使学校苦不堪言。

4．透支信用卡

随着社会经济的飞速发展，“刷卡”消费在大学生中已经成为一种时尚。尽管大学生还没有稳定的经济收入，却具有惊人的消费能力。不少银行认为，大学生信用卡消费是个潜在的市场，用各种招数吸引大学生办理信用卡，使大学生轻易办到较高授信额度的信用卡。可信用卡是一把双刃剑，带来便利的同时也隐藏着风险。

信用卡并非免费的午餐，是需要按期归还的。对大学生来说，信用卡的使用颇受争议，它容易助长消费，更为严重的是还可能使大学生养成不良消费习惯。对于大学生来说，受还款能力限制，如果如法及时偿还信用卡的债务，势必会影响他们的学习生活，甚至将这种财务压力转给家长。这无疑给这些大学生的未来罩上了一层阴影，不能量入为出，恶意透支信用卡，其付出的代价就是无法挽回的信用受损。

(四) 就业中的诚信缺失

随着高等教育制度的改革，我国高等院校不断扩招，使得大学生人数逐渐增加，高校毕业生逐年递增，加之受到经济危机等多种因素的影响，高校毕业生就业压力逐渐增大，出现了大量的大学生毕业即失业的现象。因此，为了能够找到合适的工作，大学毕业生在求职过程的诚信缺失现象逐年增加。

第一，简历造假。大学生承受着巨大的就业压力，为增加自己在就业过程中的竞争力，许多大学生在制作个人简历时，想方设法让自己的简历完美、符合就业要求，不少毕业生在做简历时，虚构学生干部经历和表现情况，伪造成绩单，伪造各类职业资格证书，伪造各类奖学金、“三好学生”获奖证书等。

第二，就业违约现象严重。在毕业生就业活动中，签约环节是最后环节，在这一环节基于毕业生与用人单位的相互了解，本着自主选择的原则，用人单位和毕业生确定录用与被录用关系。目前，有的毕业生单纯从自身利益出发，将现代契约精神抛诸脑后，丝毫不顾及违约对用人单位的利益和母校的声誉的损害。有的毕业生同时与多家用人单位签约，再从中进行筛选，与不满意的单位毁约，去满意的单位工作；有的毕业生为了确保找到工作，先与用人单位签约，然后当遇到更好的工作时就采取马上违约的行为；还有一些毕业生为了等待研究生考试或者公务员考试结果，找一个用人单位签约“保底”，一旦被录取或录用，随即解约。合理的人才流动是社会大分工趋于合理的重要手段，现今社会人的流动速度加快是社会生产的需要，也是实现企业效益最大化和人才价值最大化的途径。现今社会，人们早已接受了这种做法，但与此同时，这些行为也应当符合契约精神，正是因为这些大学生不诚信的违约行为，使得用人单位招聘工作的完成情况受到严重的影响。不仅如此，在很大程度上使得学生的母校整体诚信度受到影响，对其他毕业生就业产生了不好的影响。

(五) 人际交往中的诚信缺失

诚信，不仅是做人应当恪守的行为规范，同时也是人际交往中必须遵循的行为准则。作为祖国未来建设者的大学生正处于人生的最美年华，应朝气、热情、礼貌、真诚，理应体现出较高的个人素质与修养。但是，在现实生活中，一些大学生在人际交往中表现出了他们淡薄的诚信观念与不符合身份的道德素质。其主要表现如下。

(1) 时间观念淡薄。在大学的课堂上，迟到、早退、无故缺席，过后为了不受处罚或者批评，往往欺骗教师，甚至联合全班同学集体圆谎。

(2) 恋爱诚信缺失。有人说大学期间不谈一场恋爱那就是大学生活的不完整。诚然，大学期间的爱情是一个人一生中值得回忆的经历，虽然在当今校园中，谈恋爱的学生不在少数，但是很少有人对爱情报以真诚的态度，不正确的恋爱观导致了恋爱不过是一场互相不必负责的游戏，更多的是“随大流”“赶潮流”。很少有人会想到未来，而感情不专一的情况也不在少数，很多大学生心理问题就源于此。可以说恋爱的不诚信导致的大学生心理问题，已经成为校园不稳定情绪的主要原因之一。

(3) 网络生活缺乏诚信。随着网络科技的快速发展，网络已经成为大学生学习生活中不可或缺的组成部分。事物总是有两面性的，网络在给予人们各种便利和益处的同时，也带来了各种各样的社会问题。网络交往本身具有隐蔽性、虚拟性，人与人的交往更多的是符号化。这些特点助长了一些自律不严的大学生的侥幸心理，忽视了网络文明修养，在网络上肆意放纵。一些大学生由于内心的空洞和利益的驱使，以及对现实的不满，使得各种虚假信息，不负责任的言论遍布网络。从某种意义上讲，大学生个人的诚信品质，有时候对于网络世界的诚信安全起到了决定作用。

不可否认，在当今社会，得益于多年的学校教育和大学生个人素质的不断提高，大学生群体的诚信度是我国社会各个群体中普遍偏高的，在各类新闻当中总能看到大学生诚实守信的报道，体现了正能量。但是还有一些大学生在校园生活和社会生活中因为诚信缺失给大学生群体的整体形象带来了不良影响，而作为国家公民中整体素质最高的大学生群体，如果被烙上了失诚无信的印记，那将是一个国家、一个民族的莫大悲哀。因此，只有鼓起勇气正视问题，我们才有足够的勇气去解决问题。

三、当代大学生诚信缺失的原因分析

通常来说，一个社会的诚信程度越高，则在很大程度上代表着这个社会的物质文明、政治文明和生态文明也越发达。“青年强则国强”，对于整个社会系统来说，大学生群体的诚信程度在很大程度上关系着整个社会的诚信程度。因此，必须对大学生诚信缺失的原因进行认真分析，提出针对性的办法和措施。

（一）社会转型期引发的价值观念的变化

当前，在社会转型的过程中，人们的价值体系也是由旧向新的一个转变过程，从而必然会引起我国信用道德失范的种种问题。在计划经济体制下，整体至上、轻视个体、重义轻利的价值观受到传统的价值体系的倡导，并且由于特殊环境的影响，人们所获取的利益并没有太大的差别，但不可否认的是，这种价值体系存在着压抑个性、否认个人利益的缺陷。随着市场经济体制的确立以及发展，实现利益最大化成为人们争相追逐的目标，在这样的前提下，人们原有传统的价值观念开始转变，导致道德价值标准呈现出多样化的趋势，从而使得在经济转型时期人们的价值观念、思想道德观念及行为产生不可避免的冲突。由于大学生正处于人格建立的成长期，其人生观、价值观尚未完全建立，加之这一群体的社会阅历有限，使得大学生人生价值的选择极易受外界环境的影响，也更加容易受社会变革的影响，使其人生观、价值观出现偏差。在经济层面上追求急功近利，相应地就使得在道德层面上唯利是图，在物质和精神的双重影响下，当代一些大学社会责任感相应地就会弱化，造成行为方式失范，是非善恶界限模糊，诚实守信的基本道德缺失。大学生在这些不良风气和错误的价值观念的影响下，往往容易忽视大学理论学习和自我完善，从而影响大学生的成长与成才。

（二）高校诚信教育存在严重不足

在大学生形成良好道德素质的过程中学校教育发挥着重要的作用，在学校基础教育中诚信教育应该说是一项最基础的内容，然而由于受到各方面因素的影响，诚信教育并没有引起足够的重视，相对于其他方面的道德教育，关于诚信教育方面的相关研究明显滞后。主要表现为以下几点。

(1) 诚信教育弱化。肩负着“教书”和“育人”的重任，学校对于培养高素质人才发挥着重要的作用。但是，在从应试教育向素质教育的转变过程中，学校现行的教育体制和教育模式还存在着很多弊端，没有从真正意义上实现素质教育，因此对于很多学校来说，向学生灌输知识仍然是其较为看重的工作，从而忽视培养学生的全面素质。因此，很多高校对于评价一名学生的好坏并不注重其道德水平的高低，而只看其学习成绩的好坏。学校中评奖评优也都是以学习成绩论英雄，而且我国高校思想政治教育课程更多的是将政治思想理论灌输给学生，不注重从根本上提高大学生的个人道德修养，同时高校对于思想政治教育课程更多的是以公共考查课形式进行，学生逃课率居高不下，对此很多学校都是放任自流，这就导致高校中大学生道德修养教育、教学逐渐边缘化，使得作为其重要内容之一的诚信教育也难以得到重视。

(2) 少数高校教育工作者缺乏诚信意识。教育工作者是守望社会道德的灯塔，不管社会怎样变化，都应当把培养学生的信与诚作为最基本的职责。近年来教育工作者中存在大量不诚信的现象。一些高校教师为了个人利益做出了诸如学术腐败、收受家长和学生贿赂为学生提高分数等违反诚信的事。甚至某些思想政治辅导员在学生入党、评优、任免学生干部等事宜上，对学生吃、拿、卡、要。这些不道德行为严重地损害了教师这一职业的神圣性，同时教师对于学生的示范作用被严重削弱，使得还在成长期的大学生受到了不良影响，进而影响学生诚信观念和行为的形成。

(三) 家庭诚信教育的缺失

家庭在孩子受教育过程中发挥着不可忽视的作用。对于孩子的人生观、价值观、道德观的确立及养成，家长乃至家庭成员的一言一行都发挥着潜移默化的影响作用。可以说家庭教育的不良实施，在一定程度上影响大学生诚信品质的缺失。

(1) 受传统育儿思想的左右，中国父母“望子成龙、望女成凤”的情结尤其严重，而我国的应试教育片面地追求升学率，唯分数论、唯成绩论大行其道，加之很多家庭将子女上大学看成改变家庭命运的途径，受此影响，就使得我国家庭教育也是重智育而轻德育，把孩子的成绩看得比什么都重要，往往会忽视规范和矫正孩子的日常行为，进而错过了对子女进行品德教育的最佳时期。

(2) 重言传轻身教，误导品德培养。对于一个人的成长来说，家庭教育发挥着巨大的作用。在青少年生活、学习和成长的过程中，家庭所起到的作用不可忽视。但在现实生活中，针对孩子的诚信意识和行为，家长并没有发挥自身行为的榜样作用，只是对孩子进行言语上的教育。目前，我国正处在社会转型期，部分家长受不良思潮的影响，在日常生活和工作中表现出诸多的不诚信行为，甚至是无意识或者有意识地将“有便宜就占”“做老实人吃亏”等不正确的价值观念灌输给孩子。在子女的成长过程中，家长的这些不诚信行为和错误的教育方法势必会影响到孩子思想道德素质的提高，继而影响其在未来的人生路上对“诚信”二字的规避或错误理解。

第三节　加强大学生诚信教育的对策思考

大学生的人格尚未完全建立，可塑性强，也由于这个原因大学生群体极易受到社会不良因素的影响，尤其对大学生影响巨大的是社会普遍缺失诚信。目前，大学生诚信缺失现象已经较为常见，而大学生能否信守诚信，对于大学生的个人发展，对于和谐社会的建成都发挥着重要的作用。因此，对大学生进行诚信教育是极其必要的。目前国内教育界对于校园开展诚信教育的理论研究成果丰富，各高校也都根据自身特点创立了诚信教育体系，并且随着实践不断丰富，已经取得了一定的效果。当然，在开展大学生诚信教育过程中会涉及诸多方面，是一项复杂的系统工作，对于如何进行大学生诚信教育的讨论也一直在进行当中。

高等院校进行大学生诚信教育活动应以正确的理论和科学发展观为指导，以高校“两课”为载体，以社会主义核心价值体系、社会主义荣辱观、“中国梦”的基本内涵为教育教学核心，同时将中国传统诚信文化中的精华部分融入其中，旨在培养大学生树立诚信观念，将“诚信”内化为自身品格，继而外化为自身的行为规范。

一、重视高校诚信教育，营造浓厚的校园诚信环境

《公民道德建设实施纲要》中明确指出，高等院校是大学生道德教育的主要阵地，高等学校对于学生诚信教育的重视程度以及教育理念决定了大学生诚信教育是否能够取得相应的教学效果。党中央、国务院下发的《关于进一步加强和改进高校思想政治教育的意见》中明确指出：“面对新形势、新情况，高校思想政治教育工作还不够适应，存在不少薄弱环节。一些地方、部门和学校的领导对高校思想政治教育工作重视不够，办法不多。”目前也确实存在部分高校在学生培养过程中单纯地以智育教育为主，在对学生进行评价时往往会忽视大学生的道德教育，而是把智育成绩作为主要的标准，从而在很大程度上造成了大学生诚信教育的效果不明显。大学生诚信教育是大学生成才的重要途径，是公民道德建设的重要环节，保证了构建社会主义和谐社会目标的实现。高等院校是培养未来社会主义建设者和接班人的重要阵地，为使大学生诚信教育的实效性得到保证，高等院校应当予以重视，将以诚信教育为重点的道德教育作为大学生素质教育的重要内容，科学地对大学生进行评价，改变以往传统德育工作中教师不想教，学生不愿学的尴尬境地。同时，学校各级领导、各职能部门也应当对学生进行综合素质培养，尤其是给予诚信教育足够的重视，学校各职能部门遵循诚信教育的系统性原则，通力配合，培养大学生的诚信意识。

环境对人的思想和行为具有潜移默化的影响作用，大学生诚信教育以高等院校为主要场所，良好的校园环境对于诚信教育是一种潜在的、无形的教育资源。校风是一个学校的核心所在，展现出来的是一所学校整体的精神风貌和办学理念，校风如何对于学生个人专业水平与综合素质养成都有着极大的影响。教风更多的是对大学教师提出的要求，教师在日常的教学过程中，其一言一行，甚至上课时候的态度都能影响学生个人品质的养成。学风是大学生在四年的学习过程中所表现出来的行为特征和精神风貌，包括对待知识的态度、学习习惯、精神风貌等。

教风、学风是一所大学校风的集中体现，教风与学风二者相辅相成，教者诚信，受教者从之。反过来学生的良好学风也会促进学校教风，高校必须杜绝形式主义的校园风气，提倡和培育优良的校风、教风、学风和班风，以此来促进大学生诚信意识内化而外行。

二、完善大学生诚信教育的内容

诚信教育内容是开展大学生诚信教育的依据，它应由认知、信念、规范等内容构成。通过教育者(教师)对受教育者(学生)的教育，将诚信教育内容移植到学生的头脑中，实现内化，再由学生外化到诚信行为方式上。

(一) 加强马克思主义诚信思想教育

在《资本论》中马克思比较详细地探讨了信用问题，论述了丰富而比较完整的信用体系。在社会发展和社会关系中，要运用马克思主义的原理对诚信的本质特征进行分析和理解，从而深刻地领会在个体成长以及社会发展中诚信所起到的重要作用，加强思想建设，从根源上培养学生的诚信信仰。可见，对当代大学生进行诚信教育，首先必须坚持马克思主义的指导地位不动摇，在大学生的头脑中注入马克思主义的诚信思想，真正理解和领会诚信，从而入脑、入心，并在大学生的日常行为中做到真正的践行。

(二) 结合中国传统文化教育

在新时期随着经济全球化的深入发展，改革开放的深化，市场经济转型已经渐入正轨。同时，由于受不良思潮影响造成的大量社会问题，也不可避免地以不同方式对国人的道德底线和价值观念产生了不良影响，甚至造成了当今社会人与人之间失去了基本的信任，出现了诚信危机。在复杂的社会环境中，作为社会优秀群体，被称为“天之骄子”的大学生同样不可避免地受到了诚信缺失的冲击，急功近利使得考试作弊、弄虚作假现象屡见不鲜。面对新时期的种种挑战，对于大学生诚信教育的开展来说，一个合理的选择就是将现代诚信思想与中华传统诚信道德思想的精华相融合。诚信是中华民族传统美德，在我国传统文化中，诚信交叉渗透到忠、孝、仁、义、礼、智、信的各方面：诚信于国为忠，于长为孝，于友为义，以民为仁，于尊为礼，于教为智。在古代，培养学生的诚信意识是老师教书育人的重要任务，向学生灌输诚信意识，一直贯穿了学生的整个学习过程。

从启蒙读物《三字经》的“曰仁义，礼智信，此五常，不容紊”到《孟子·离娄上》中的：“诚者，天之道也；思诚者，人之道也。至诚而不动者，未之有也；

不诚，未有能动者也。”这些都为现代大学生诚信教育提供了无数理论基础。而无数仁人志士杀身成仁、舍生取义的故事更是从历史的角度为现代大学生诚信教育注入了更为丰富的内涵。因此，应将中国传统文化教育融入大学生诚信教育的教学内容中，使学生从优秀传统文化中汲取养分，从而将学生的学习热情积极调动起来，培养其诚信意识。五千年的灿烂文明，祖先留给现代教育者无数的文化瑰宝，关于诚信道德的文章典籍浩如烟海、博大精深。在新时期大学生诚信教育过程中，如何继承和借鉴我国优秀的道德文化遗产，以使传统诚信道德的内涵更具有时代性而为当代大学生所认可和接受，是当今大学生诚信教育的重要任务。因此，为了提高当代大学生的诚信意识，将传统文化教育融合在大学生诚信教育过程中，对于提高大学生的道德素养具有重要的现实意义。

(三) 融入现代诚信伦理教育

诚信是中华民族几千年来始终崇尚的基本美德。孟子说：“诚者天之道也，思诚者人之道也。”古代先哲们认为，诚是一切道德行为的基础和处事道德的前提，无诚则无德。就现代社会而言，诚信具有道德意义和法律意义上的内涵，例如“真诚、诚实、守信”“信任、信用、信托”以及“诚信原则”等。因此，当代大学生诚信教育既是诚信道德品质教育和培养的学校道德教育，又是一种社会伦理教育和法制教育。对于当代大学生来说，要从自己的现实特点和内在需求出发，通过现代诚信伦理教育对社会所提出的道德要求进行认识和理解，产生道德情感体验，进而在自己的道德意识上形成一定的道德信念，并在实际行动中将其转化为自觉的行为，即将诚信观念统一于知、情、意、行中。

(1) 在诚信教育观中要凸显“以人为本”的理念。随着全球化和信息化的飞速发展，世界经济社会都获得了极大的发展，人类社会的文明成果可以在全世界范围内实现共享，但是不可否认的是，这也在一定程度上冲击了国家意识和民族文化。因此，在这样的新形势下，为了应对当前的国际国内环境，凸显“以人为本”的理念是诚信教育过程中必须坚持做到的，在尊重人、理解人、关心人，的基础上，就学生个人的思想、学习、就业等问题有针对性地给予解决的方法，并在解决问题中传播诚信文化和思想。在教育内容、教育方法、教育机制上强调“以人为本”的思想。

(2) 要注重诚信法制教育。现代社会，人们经济上的往来越来越密切，往往“你中有我，我中有你”，陌生人的社会交往带有很大的不确定性，交易往往涉及上百亿资金，如果没有相应的社会信用制度和法律作为保障，市场经济将无法正常运转。因此，现代诚信不仅体现在道德层面，而且也是一种法律规范，体现了契约诚信的特点。在现代市场经济中全社会应进行诚信法制观教育，强化公民诚信法制观念，使大学生充分认识到遵守诚信原则的重要性。

(3) 要注重诚信伦理教育。在现代社会中作为一种道德操守，诚实守信是孕育其他道德品行的基础，在人们日常生活的各方面都会有所体现。现代社会中市场经济的发展日益成熟，在这样的社会背景下诚信被赋予了更具有时代气息的广泛内涵。因此，在大学生的专业学习、政治追求、经济生活、人际交往以及择业创业等方方面面都会体现出大学生的诚信品质。结合我国大学生的现状与实际，学习诚信、政治诚信、经济诚信、生活诚信、就业诚信等应该是大学生现代诚信教育主要包括的内容。

三、构建家庭诚信教育示范机制

在子女进行社会学习中，家庭可以说是第一课堂，是子女的重要生活场所，是子女的第一所学校和个人成长的摇篮。家庭的呵护和指导对于子女来说尤为重要。家庭教育具有日常性和感染性等特点，家庭影响的主体具有血缘伦理的亲和力和权威性。家庭教育在子女价值观的形成和发展中具有特殊的作用。

(一) 建立家庭诚信示范教育机制

一方面，在家庭内部家长的行为应该发挥示范榜样的作用，家长必须以身作则，在行为处事方面对自己进行严格要求，做子女的楷模。因此在家庭中，父母的诚信行为以及高尚人格是家庭诚信教育实施的主要途径，通过父母好的行为去感化子女，在潜移默化中以好的诚信素质影响子女。

另一方面，家庭之间的示范效应对于子女诚信教育的开展也发挥着重要的作用。高校在调动家庭参与诚信教育的基础上，建立家长与学生互动参与的诚信评价体系，筛选出优秀的诚信家庭，并以此为基点，在广大学生的家庭之中作为诚信的典范进行大力宣传，将这些模范家庭的示范效应充分发挥出来。

(二) 家长与子女之间应该加强沟通

大学生长期在外地上学，与家长分离时间较长，学校应该把重点放在家长与子女的沟通上，通过设立一定的交流平台促进家长与子女之间感情的融洽和相互理解。具体来说，在家长与子女之间的交流过程中学校可以设置专门的书信交流方式、网络交流渠道来帮助双方实现更为开放式的交流，使家长对子女的思想动态做到及时了解和掌握，能够及时疏导子女学习生活中出现的问题以及困惑，将大学生诚信教育落到实处。在家长与子女心灵沟通的过程中，学校应该发挥重要的作用，通过建立一对一式的沟通机制，帮助家长与子女创立一个相对独立的个性化空间，使其交流方式更为人性化。

四、加强大学生诚信制度建设

人的行为是否合乎道德是自律和他律共同作用的结果。对于当代大学生，单纯的课堂教育很多时候无法很好地培养其诚信意识，同时还需要配合相应的制度对大学生的日常行为进行约束和规范，通过制度的他律性使大学生养成重信守诺的良好品行。目前我国各个高校对于学生的失信行为，如考试作弊、学术作假等都有严厉的惩罚措施，但是对于学生的评价标准更多的还是以成绩论成败，并没有对学生进行综合素质考评。加之某些学校监管不到位，且对有失信行为的学生无论是初犯还是屡教不改的惩处力度不够，导致了学生产生侥幸心理。同时对教师的不诚信行为缺少有效的监管机制，导致各项规章制度流于形式，无法达到应有的约束效力。如果守信者没有得到认同，而失信者也没有任何损失，“善善而不能用，恶恶而不能去”，那么就会在大学生群体中产生“劣币驱逐良币”的现象，致使诚信缺失。因此，加强大学生诚信教育，同样要完善各项制度，通过严格执行各项规章制度对大学生的失信行为加以规范、引导、监督、约束和制裁，褒奖守信者，惩罚失信者。

五、提升高校教师队伍的整体素质

在学生的学习过程中，教师不仅是知识的传授者，同时也是学生个人品质养成的示范者。高校教育工作者的本职工作与根本任务便是教书育人，这一身份也就决定了其对学生进行诚信教育具有天然的优越性。大学阶段是学生人生观、价值观的形成期，学生在这一时期独立人格的形成极易受到教师的影响，高校教师的言传身教、一言一行对于学生养成何等品质具有不可忽视的作用。正所谓“亲其师，信其道，其身正，不令而行；其身不正，虽令不从”，这就要求教育工作者不仅要遵守普遍的道德规则，还必须要立身正己，具备高度的社会责任感和历史责任感。社会在不断发展，人性也在不断变化，但是无论社会处于哪一个历史时期的何种状态，教师都必须把教人诚信作为己任。但是，由于社会转型时期各种因素的影响，当前一些高校教师的思想受到冲击，使得师德滑坡，教师不能做好本职工作。这在很大程度上影响了当代大学生的道德素质的提升，这就要求国家和学校将师德建设作为工作中的重点，科学地制定教师职业道德规范，对教师的诚信道德素养提出明确细致的要求，并且高校根据自身的实际情况设置长期有效的师德监督机制。内因决定了事物的发展方向，外因通过内因而起作用，外部的他律性因素需要教师具有内在自律性才能起到相应作用。教师本身也必须增强自身的诚信意识，在社会生活和教学活动中以诚信为本，时刻牢记自己教书育人、为人师表的天职。榜样的力量是无穷的，在大学生诚信意识的养成过程中，教师以身立教、言行一致具有重要的示范作用。在高校开展诚信教育的过程中，必须针对教师队伍的师德素质进行必要的加强，树立教师队伍的诚信形象，为大学生诚信教育打好坚实的基础。

诚信是大学生的立世之本，尤其是在现代社会中，对大学生的综合素质提出了更高的要求，除了要具备相应的专业技能，同时个人道德水准的高低更是对于大学生个人素质的重要评价标准。高校是大学生教育的主要阵地，是培养社会主义未来建设者和接班人的重要场所。高校加强大学生诚信教育既是现实的需要，也是提高国家综合国力的战略需要。因此，高校进行大学生诚信教育要在继承我国优秀道德传统文化的基础上与时俱进，结合时代发展，不断创新教育模式和教学内容，使大学生诚信教育做到贴近生活、贴近实际，体现大学生诚信教育的实效性。

第五章　大学生责任教育

古语有云："天下兴亡，匹夫有责。"人类是一个社会性群体，这既是人类得以生存的原因，也是人类得以发展的根本。每个人在其一生中都"肩负着世界的全部重担：他为世界负责，也为作为一定存在方式的自己负责"。无论社会怎么发展，承担一定的责任不仅是个人成长的前提条件，同时还是社会发展的必需。

经过40多年的改革开放，中国正处于社会转型期，尤其是社会主义市场经济体制的建立，使得中国进一步与国际社会接轨，整个社会价值体系发生了较大的变化。当代大学生已不再是"两耳不闻窗外事，一心只读圣贤书"，不再受制于"象牙塔"内。大学生责任教育不仅是要求大学生在步入社会前习得基本素养，同时也是高等教育为社会负责的一种表现。因此，培养大学生的责任意识不仅是一种理论教育，更是一种实践行为。

本章基于对责任的理解，以及当代大学生责任感缺失的现状，试图创新大学生责任教育的机制，培养大学生的责任意识，使他们能够积极融入社会。

第一节　大学生责任教育概述

责任是伦理学中一个古老而又非常重要的范畴，也是社会主义道德的重要规范，更是人们日常生活中的一个紧迫而又现实的问题。在当代社会发展之中，人们的责任意识日渐淡薄，豆腐渣工程等事件时有发生。因此，重视大学生责任教育对社会发展具有重要的意义。

一、大学生责任教育的内涵

"责任"一词由来已久。在中国古代汉语中，"责任"一词的"责"与"任"是分开表达的，主要是强调"责"。《古汉语常用字字典》中"责"的意思主要有以下几种，分别是索取、询问、责备、责任、债。《辞海》中"责"的意义主要有三种，分别是：①责任、职责；②责问、责备；③责罚。"任"则有责任、职责、担当、承担的含义。《汉语大辞典》对"责任"定义为，"其一，使人担当起某种职务和职责；其二，分内应做之事；其三，做不好分内应做的事，因而应承担的过失。"

因此，对大学生的责任担当教育就是大学期间面向大学生群体必须让他们懂得承担自己分内应做的事或为自己的过失承担后果，大学生责任担当不仅是一种意识，也是一种实践行为。大学生的责任在宏观上是对社会的责任，即大学生对国家、对民族、对社会的繁荣与进步所承担的职责和使命，大学生对自我之外的他者和社会群体的社会责任。大学生的责任在微观上则是对自我责任的担当，对个人人生、事业、发展所承担的责任，对自己行为选择、过程及后果所要担当的责任。大学生作为社会的一个细胞，生活在特定的社会关系中，其自我责任蕴含在社会责任中。也就是说，大学生首先要对自己负责，让自己学有所成，成长为社会中健全、独立的一分子，完善好社会角色，处理好社会关系，自我责任也就演变成了社会责任。

大学生的责任教育就是要教育大学生践行自己的职责，对自我有组织、有计划地施加影响。首先，大学生要积极认识自我责任、他人责任、社会责任的具体性质，这是大学生责任教育开展的基础。其次，大学生要积极提高对责任的自我意识，坚定自己的意志和信念，积极履行责任，将责任担当付诸实践。最后，大学生要养成一定的责任素养，时时尽责，主动尽责，用自己的责任意识影响周围的人。大学生的责任担当教育是一个长期的持续的过程，要贯穿大学生的整个人生过程。

二、当代大学生责任教育的意义

大学生的责任感意识是决定其社会行为方式及其最终结果的一个重要因素，也对大学生个人、所在组织和周围社会的发展状况有着重要的影响。因此，强化大学生责任教育，提升大学生的责任意识对大学生的成长成才以及社会发展来说都有重要的现实意义。

（一）推动大学生自身发展成才，完善自我价值

(1) 随着互联网信息行业的快速发展，自媒体已经成为当今社会媒体的一个突出特征。人们必须有一种非常负责任的心态，才能加快自媒体行业的建设。大学生的社会责任意识强，他们就能够随着社会的发展而不断发展自己。

(2) 一个人，无论他处于什么样的群体之中，都是需要和其他群体接触，即建立一定的社会关系。人的社会关系链接是非常复杂的，其中有亲情、友情等，在这些关系中最为重要的是责任。人们建立一种稳定的社会关系，必须要意识到自己对其他人的责任，比如对父母的责任、对兄弟的责任、对朋友的责任等。大学生要建立属于自己独特的社会关系网络，就必须为自己定位好独特的社会责任关系角色，即自己在这一社会关系之中承担什么样的责任。因此，加强大学生的社会责任教育，也是加强大学生对自己社会关系的一种认识，对于大学生完善自

己的特殊价值来说是必不可少的构成部分。

(3) 责任是评价人格的一项客观标准。人格体现于人的各项社会活动之中。人们对于他人人格的评价总是体现在看其行为是否按照的特定的使命去完成和实现。一般来说，按照特定责任意识行动的人往往具备较为优良的人格品质。因为，他的责任意识推动他实现特定的社会目标。这类人通常具有较强的自主管理能力、坚毅的目标意识以及较高的素质水平。其实，他们的这些品质也是在其责任意识的主导下获得的。责任使他们认识到自己如果不具备这样的素质就不能实现一定的目标，就完不成自己的任务。他们会更加努力地去获得这样的品质。由此可以看出，责任意识推动人们不断提高自己。

从以上的论述可以看出，责任教育对于大学生的成长成才来说意义重大，甚至可以称之为源动力。今后，高校思想政治教育必须重视加强大学生的责任意识教育，提高其思想意识。

（二）推动高校素质教育发展，更好地实现高校的社会价值

对高校素质教育来说，加强责任教育也具有重要的社会意义。要提高高校的教育质量，必须要重视和加强责任教育。

(1) 责任意识是一个人人生观的重要组成部分。人生观是人们对人生目的和人生意义的根本看法和观点，其中的内容非常复杂，总体来说有三个方面，分别是人生目的、人生价值和人生态度。责任意识就是人生态度的一个重要构成部分。加强人们的责任意识教育就是加强其人生态度教育。在高校，这一点显得尤为重要。高校教育工作者具备较高水准地责任意识才会有较高水准的高校教学质量。大学生有较高水平的责任意识，高校才会有较高水平的人才培养质量。这两者是相辅相成的。只有同时加强师生的责任意识教育，高校教育质量才会有较大幅度的提高。

(2) 责任教育是大学生道德教育的起点。道德教育的内容主要包括三方面，分别是社会公德、职业道德和家庭美德。无论哪方面，责任都在其中占有重要的地位。在社会中，人们有对社会的责任。在岗位上，人们有对产品的责任。在家庭里，人们有对家庭的责任。这些方面的责任构成了他人对人们活动的要求。这些要求就构成了人们为人处事的道德准则。不断检讨自己的责任意识，是人们关注自己道德活动的基础。

(3) 责任教育是社会主义核心价值观教育的重要切入点。社会主义核心价值观教育是新时期党对社会价值观的一种高度总结。从其三个层面 24 字的内容来看，社会主义核心价值观各个方面的内容都有责任的成分。虽然不同的人对社会主义核心价值观的理解不一样。但是毫无疑问，社会主义核心价值观包含了对人

们社会责任的要求。社会主义核心价值观将社会责任的内容具体化了。因此，可以说责任体现在社会主义核心价值观之中。社会主义核心价值观是对不同社会主体的不同社会责任的要求。对人们进行社会主义核心价值观教育需要加强对人们的社会责任教育。加强社会责任意识教育，运用责任去理解社会主义核心价值观。加强责任意识教育，将社会主义核心价值观落到人们的生活中去，社会主义核心价值观教育的推进才会取得更好的效果。

(三) 推动社会主义和谐社会构建，保证社会主义事业长远发展

社会主义和谐社会的特征包含有民主法治、公平正义、诚信友爱、充满活力、安定有序和人与自然和谐相处六方面。如果宏观地看，这六方面的含义十分广泛，包含了建设社会和谐的所有层面。如果细微地看，这六方面则又可以划分为三个层面，分别是人与人的和谐、人与社会的和谐、人与自然的和谐。人与人之间的和谐相处则是这三个层面的根基。

培养大学生的责任意识对和谐社会建设具有基础和辐射作用。首先，大学生更容易接受责任意识教育的内容。一方面，大学生连续地接受了长达十几年的基础教育。他们对责任的理解非常精准，容易对其进行引导使之付诸实践。另一方面，大学生存在着一种责任意识的角色压迫。在当代中国，人们对大学生的认识往往更倾向于完美，期望他们在各个方面都有最佳的表现。对于这一点，大学生也有清醒地认识，他们也往往这样要求自己。这就形成接受责任意识的角色压迫感，愿意接受责任意识教育的内容，也愿意将其付诸实践。其次，大学生对责任教育的内容有引导和推广作用。往往倾向于认同大学生看待社会的观点。他们关于责任的言行也更加容易为人们所接受。经过几年的扩招，大学生这个群体不再是小众人群，而发展成为一个比较大的群体。由此可以看出，大学生的责任意识培养对于整个社会责任意识建立具有重要的推动作用。最后，大学生是先进技术的学习者，最终也将是先进技术的掌握者。对他们进行责任意识教育，能够消除科学技术被异化的危险，对于建立和谐社会来说帮助是明显的。大学生的责任意识强，能够认识到技术最终是为人类服务的，不能运用技术去做危害社会的事情。最后，大学生的责任感能够有效地减缓生存环境恶化的趋势，有力地促进人与自然的和谐。从第一次工业革命以来，环境恶化问题日益走进人们的生活圈子，这给人们造成了极大程度的忧虑。具有高度责任感的大学生不仅要关爱他人和社会，更要关爱生态环境，号召人们从自我做起，从细节做起。因此，加强大学生的责任意识对于和谐社会建设具有十分积极的作用。

(四) 加强大学生责任教育是现实社会的迫切要求

当前人们已经意识到责任教育的紧急性。随着经济的迅猛发展和社会生活水

平的不断提高，人们越来越意识到一个良好的社会秩序的重要性，而责任则是社会和谐秩序的一个重要纽带。在社会生活中，人们首先要对自己负责，要对自己的发展成果负责。其次，人们要对他人负责，履行对他人和社会的责任。这两种责任要求人们必须慎重考虑自己的活动。这一要求实际上为迅猛发展的社会生活确定了一个安全带，实现人们心态的稳定转变。这对于现代社会来说是紧缺的。从现实社会发展的表现来看，为了生活，有很多人罔顾自己的责任，在一定程度上破坏了社会的和谐秩序。

(五) 加强责任教育是大学生成长和成才的重要支撑

(1) 责任是大学生心理素质的一个重要构成部分。社会心理学的研究表明，责任意识是人们自我实现感的一个重要组成部分。责任为人的自我实现设定特定的目标，并不断向人们解释这种目标的合理性与合法性，强化这一目标对人们的心理影响。在这种心理影响下，人们才有了自尊和被尊重的感觉。大学阶段是青年人在社会中获得自我实现感的一个关键时期。强调其责任意识，为其发展目标树立社会活动的合法性，使他们深刻认识到人生选择的判断标准，从而顺利走向社会。

(2) 责任教育是大学生成才与发展的重要支柱。在职业发展中，大学生必须具备较强的责任感，只有这样他们才能踏踏实实地工作。责任感还是大学生不断发展自己的动力源泉。一个具备强烈责任意识的人，面对不断发展的社会，能够积极应对挑战，不断强化自己的能力。对于大学生来说，在学习中，他们会遇到许多困难和失败，如果简简单单将这些困难和失败归结于外界，大学生就不可能有持续的发展，而责任教育正是应对这一问题的良药。

(3) 责任意识能够促使大学生在社会上保持自我发展能力。教是为了不教，在教育领域，这是每一位教育工作者的共同愿景。教师教育一个学生，是希望他能够获得长期发展的能力，最终稳定地为社会做贡献。责任意识能够让大学生在社会发展之中不断提升自己。

三、当代大学生责任教育的基本内容

从责任所涉及的各种社会主体来看，大学生责任教育的内容总体上可以划分为大学生的自主责任、家庭责任、社会责任和国际责任四类。所谓自主责任，就是大学生对自我发展的责任；家庭责任包括大学生面对父母、长辈、配偶和子女的责任；社会责任是大学生对社会发展应承担的责任；国际责任是指大学生作为人类的一份子面对其他人类和生物所应承担的责任。

(一) 自主责任

大学生首先要对自己负责，珍惜自己的时间和生命，确立正确的人生观、价值观和世界观。正确处理好自主责任是大学生主动承担其他方面责任的重要基础。大学生只有确立自己对自己应承担责任的内容，才会不断成长，具备承担其他责任的能力，不断承担其他的责任。大学生自主责任可以简单概括为“自爱、自尊、自律、自强”。

自爱是指大学生要爱惜自己的时间、生命、人格和名誉。自爱是人的一种生命保护意识，在自然活动中表现为对生命的珍惜，在社会活动中表现为对时间、人格和名誉的珍惜。马斯洛需求层次理论认为，生物性人的自爱是人一切活动的基础，通过社会活动则又发展出渴望被他人认同的自我实现感。

自尊是指大学生要重视自我在社会中的存在价值，喜欢和热爱自我的一种积极向上的情绪。自尊是人们获得社会尊重的前提。无论在什么样的社会，人都应首先自我尊重。

自律是指能够自我约束和控制活动，使其不偏离自我设定的目标。自律是自主责任必不可少的构成部分。一个自爱的、自尊的人，必须首先能够自律，将自己的活动设定在合理的目标范围内，尊重自己和爱惜自己。

自强是指面对挫折和挑战大学生能够自己主动找出存在的问题，提升自己的能力，承担起自己对家庭与社会的责任。一个人的一生，不可能是一帆风顺的。面对困难和失败，人必须要能够自强，从困难中站立，从失败中爬起。

(二) 家庭责任

家庭责任是指大学生对其家庭角色所应承担的各种责任。一个和睦的家庭需要家庭中每一个人的共同努力。大学生要能够正确看待自己在家庭中扮演的角色，以及这种角色的变化。从家庭群体划分，大学生的家庭责任主要包括以下两方面。

1. 孝敬父母和长辈

父母和长辈是抚养自己长大的人。在中国以孝为美的传统环境中，孝敬父母与长辈是维持社会运行的基本道德准则。孝，不仅仅要表现在口头上，还要表现在实际活动中。大学生面对父母和长辈，要为他们分忧解难，为他们的安宁和幸福承担起责任。

孝敬父母与长辈是对待周围其他群体的情感基础。当一个人学会爱父母与长辈之后才会将自己的情感迁移到他人身上，尊敬老师、友爱同学、助人为乐。

2. 维持婚姻稳固

大学生处于家庭责任的一个转变时期。当他们进入大学校园，还是一个半大孩子，当他们走出校园踏入社会，而将为人父母。角色的转变或许会让他们措手不及，但这正是生活的应有之意。在家庭中，大学生要学会承担家庭义务，互相平等和尊重，互相理解和爱护。家庭不是社会，其关系的维持来源于无私的奉献，这种奉献正是家庭责任的一种表现。奉献家庭，维持稳固的家庭关系是大学生家庭责任的一个重要表现。

（三）社会责任

大学生的社会责任可以划分为两方面，分别是对他人的责任和对整个社会的责任。

他人是指个人在社会关系中与自己相关的个体。相对而言，他人可以划分为两个层次，一是熟悉的亲朋好友，另一个是陌路人。他人相对于个体来说需求是一致的，都对自我有一定的意识，也有自我的人格尊严。个人对他人负责是指个人与他人交往的过程中要坚持个人对他人的正当权利所应承担的基础性责任和使命。每个人的生存总体上高度依赖于他人，个人要对他人关心、同情和爱护，特别是周边那些身陷逆境的普通人。

对社会负责，即个人要履行自己的社会职责、义务，为社会的持续发展做出自己的努力。一个人的存在是不能脱离社会的，否则这个人就是一个动物。对社会负责，也就是对自己负责。个人要为自己享受的社会生活便利买单，承担自己在社会交换系统中的相应责任。针对大学生社会责任的范围，总体上可以划分为直接和间接两大层次。所谓直接的层次，就是大学生对所在社区的责任。这个层次的责任是显而易见的。共建文明社区需要大学生的积极参与。大学生要在社区建设之中做出自己的努力，培养自己的集体意识，完成在集体中的责任。间接的层次是指担负起把我国建设成为一个富强、民主、文明、和谐、美丽的社会主义现代化国家的历史使命。大学生在激烈的社会竞争中，应积极努力完成我国社会在每一个阶段建设过程中的任务。大学生是我国社会建设之中最有活力的一个群体。他们有知识、有能力，能够为我国社会的积极发展做出自己的突出贡献。

（四）国际责任

在全球化时代，大学生的责任不仅局限于特定的空间，还有其作为人类一分子而表现出来的对整个地球的责任。作为人类，大学生的实践活动不能危害人类的整体利益。也就是说，其活动要考虑到人类的整体利益，他们要从人类的生存与发展角度考量自己的活动，使其有益于整个人类的共同进步。

在当代社会，大学生国际责任的一个重要主题就是对生态环境负责，即大学生要有一定的生态环境意识。自然界是人类生存环境的依靠，任何局部生态的影响，都有可能影响生物圈平衡，影响到人类的共同利益。人类如何对待自然也就是如何对待自身。自然的变化规律是可以掌握的。因此，人与自然的关系最终将转化成为人与整个人类的关系。每一个人都要反思自己的活动，重新审视自己的行为。作为大学生来说，要关心和爱护自然环境，创新人类的活动，使其不危害整个自然的利益。

四、当代大学生责任教育的基本原则

(一) 学生主体原则

学生主体原则是指教师在开展责任教育的过程中，要充分考虑学生的主体地位。教师在组织活动时，都应该围绕学生展开，不断提升学生的独立责任意识，转变学生对待责任的态度，循序渐进地提升责任教育的目标。在责任教育中，教师的角色是学生责任意识的指导者和促进者，在思想意识上引导学生准确定位自己的责任，做出正确的道德抉择。从教师的角度看，坚持这一原则要做到以下几点：

(1) 将学生作为教育主体，依据我国道德教育的目标、学生的生活实际和其身心发展规律，制定合理的教学规划和教学内容。

(2) 考虑个性的差异，在道德责任教育过程中，应该照顾不同个体的不同特点，因材施教。

(3) 在教育方法上，转变过去灌输式这种单一式的方法，灵活使用符合学生身心规律的教育方法，加强学生在责任教育活动中的主观能动性。

(二) 环境熏陶原则

环境熏陶原则是指大学生责任教育不能只停留在课堂上，还应包括高等教育的其他各个方面，例如学校管理、专业教学和学校建设之中。大学生对待责任的态度并非教师和家长灌输的结果，而是潜移默化地产生于一定的社会氛围之中。学校就是一个责任教育的氛围。在这个氛围之中，教师灵活的安排可以使学生感受到在这种氛围中责任的重要性。这对提高责任教育的实效性有很大作用。从责任教育的需要来看，高校责任教育的工作主要有以下几方面：

(1) 学校要加强校风与学风建设，将责任教育的内容融合在学校管理之中，形成一种强大的道德责任教育氛围，使学生养成遵纪守法的习惯与自觉性。

(2) 积极树立负责任的先进榜样，通过先进人物的事迹感染受教育者，启发他们的责任意识。

(3) 营造责任的学习氛围，培养学生的责任情感。学校在校园文化建设的过程中，可以将学校的历史融合在文化之中，启发、鼓励、鞭策学生，使他们为他人和社会负责。

(4) 通过校园内部丰富多彩的校园文化活动开展大学生责任教育，使之更容易为大学生所接受。

(三) 实践锻炼原则

责任是道德的范畴之一，而道德在本质上是实践的。朱熹说：“论先后，知为先；论轻重，行为重。”只有在实践中践行道德责任信念，才能真正达到责任教育的目的。所以，责任教育必须要坚持实践性原则。实践性原则是指责任教育既是了解学习责任知识的过程，更是通过实践养成受教育者自觉履行责任行为的过程。教师要注重对学生责任行为习惯的训练和培养，大学生则要躬身实践，以责任知识为指导，时时、事事、处处严格要求自己，努力养成良好的责任行为习惯。

(四) 层次渐进原则

人的责任构成是有层次性的。人类在履行自身责任的时候要注意层次划分。一个人对责任的认识是逐渐深化的过程。从人自有的认知范围来看，人的责任是随着自己对未来的看法和自己现有的习惯变化的。人首先认识到的是自己周围的世界，履行自己对周围世界的责任。然后，人们将认识到更高一层，履行更高一层的责任。就犹如人的成长一样，在幼小的时候，人们首先关注的是自己的安全，展开对自我安全的认识。随着年龄增长，有了家庭观念，履行自己对家庭的责任，孝敬父母，为父母分忧。之后是对社会乃至人类的责任。

大学生责任教育也要循序渐进。大学生的责任教育首先要循着大学生的需要层次，逐级地给需要安装上责任的意识。大学生有较强的理解能力，如果能够循着他们的需要，他们则更加容易接受这样的观念。大学生责任教育的层次也可以通过大学生的认知顺序进行安排。从大学生对社会事务的认识来看，大学生责任教育可以按照由浅及深、由表及里、由感性到理性的顺序展开；同时，由于大学生的社会经历、家庭受教育程度和个人表达方式的不同，他们在学习和生活中所表现出来对待社会的责任态度也会不同。因此，在教师对大学生进行责任教育的过程中，要承认大学生的差异。

(五) 系统性原则

大学生责任教育在逻辑上应是一种道德教育。这一逻辑归属要求责任教育要遵循道德教育的系统性原则，实现责任教育这一系统的优化和运行。因此，教师在进行大学生责任教育的时候需要注意以下几点：

(1) 循序渐进，从责任教育的内容出发进行系统性的完善。责任是一种意识，也是一种行动，还是一种人们内心的道德砥砺。要求大学生接受，就必须要大学生循序渐进地从道德高度上认识责任。

(2) 责任教育内容德育化、合理有序、要素完整、层次清楚。在责任教育体系中，责任教育的内容包含了多个方面，而且是从自己出发的螺旋上升的层次。在该体系中，教师要按照一定的逻辑关系向学生灌输和演示，使学生能够较为清晰地理解。

第二节　当代大学生责任感缺失的具体表现

大学生责任感包括多个方面。有一些方面绝大部分大学生都能够意识到，而有些方面大学生意识到却没有践行。

一、大学生自我责任感缺失的具体表现

大学生自我责任感其实包含有多个方面。以下选取大学生对待自我生命与健康，对待自己的世界观、人生观和价值观，以及对待自己道德修养这三方面的责任做一概述。

(一) 自我生命和健康的责任感现状

大学生对待生命和健康的责任是担当其他责任的基础。生命健康权是其他权利的基础。大学生充满了青春与活力，同时也承载者重要的责任与使命。大学生应尊重并捍卫自己的生命权，为自己的生命成长和发展负责，让自己活得有价值、有意义。大学生对自己健康负责则是对自己生命负责的另一种体现。没有健康的身体，大学生的生命责任也不能得到展现。在一个健康身体的基础上，大学生才可以完成自己的生命责任。在一个健康身体的基础上，大学生还需要有一个健康的心理状况。如同身体健康一样，心理健康同样是影响大学生生命质量的一个重要因素。如果大学生没有良好的心理健康素质，则不可能适应瞬息变化的社会，不可能积极参与到市场竞争之中，也就不可能很好地施展自己的才华。

关于大学生的自我生命责任感，大部分大学生都能够认识到它的重要性，不会放弃自己生存的权利。但是从近年的媒体报道之中可以看出，有的大学生仍有不良的心理倾向，甚至有些已经发生了悲剧，其结果是令人惋惜的。由此可以看出，这一部分大学生心理脆弱经不起挫折，极易产生过激行为。

在身体健康方面，大部分大学生认识到自己在维护自身身体健康方面的责任。但问题是，往往不能做到知行合一。有些大学生在锻炼身体这方面总是想出各种

各样的理由，而不坚持锻炼身体。

一方面的原因是他们没有养成锻炼身体的习惯，另一方面则是因为他们往往在休闲娱乐上投入过多的时间，要锻炼身体之时则犯起了“拖延症”，大学生这一特点实际上造成了他们忽视身体健康。

在心理健康方面，大部分大学生能够正确地接纳自我，认同自我，同时一部分大学生心理也存在迷惘。例如，在人际交往方面，大部分大学生能够处理与父母、朋友、亲戚、教师之间的关系，但是仍有少数大学生仅限于自我认同，而不能处理好际关系。

(二) 大学生的世界观、人生观和价值观现状分析

大学生良好的自主责任认识建立在大学生科学的世界观、人生观和价值观的基础上。科学的世界观、人生观和价值观使大学生的自我责任感始终处于积极与稳定的状态，并使之保持正确的方向。通过对大学生的世界观、人生观和价值观的现状分析，可以了解大学生的理想、信仰和价值观。

1. 世界观

经过多年的专业课学习和马克思主义教育，绝大部分大学生能够接受马克思主义的辩证世界观。他们面对纷繁多样的社会思潮，能够保持清醒冷静的头脑，而没有随波逐流，没有被西方的社会思潮所“西化”。但是也有一部分大学生不能正确看待现实生活中一些现象。他们对于自我的不认同，对外界事物没有信心，陷入了唯心主义的圈子之中，有的还通过求神拜佛以及占卜算命来给自我带来一些安慰。这种现象使人们不禁对青年在未来社会究竟能够承担的责任产生疑问。

2. 人生观

在家庭、学校、社会环境的熏陶下，多数大学生能够认识到正确的人生道路。然而在具体表现上，大学生的观点却不一样。有一部分大学生选择“孝敬父母”，有一部分大学生选择“建立幸福家庭”，也有一部分大学生选择“提高和完善自己”。大学生的人生理想较之过去更加务实和具体，注重从周围的人和事出发，讲求实际效果。这一点是好的，但是必须要讲求一个度，不能过分追求个人利益。从那些英雄人物的事迹来看，大学生要想有所作为和施展抱负必须要紧紧地把个人理想与国家和社会联系起来。

3. 价值观

价值观是以人生活动中客体与主体的价值关系为反映对象。正确的价值观，其核心问题是要摆正个人与国家、集体、他人的关系。集体主义是中国传统价值

观的思想基础，体现了传统价值观的根本性质。改革开放以后，人们在追求社会价值的同时将个人利益放在了考虑的一个关键位置。

大学生的价值观往往基于自身对事物的理性分析。例如，他们面对他人遇到危险时，他们首先会思考自己有没有能力帮助；在遇到扒手行窃时，他们会采取较为聪明的方式。但是不论采取什么样的方式，绝大部分大学生仍是主张社会生活之中应该帮助他人，主动伸张正义的。只不过他们同时不忘保护自身的安全和利益，做出他人责任与自我责任的合理安排。他们对待利益的观点与他们对待其他事物的方式非常相似。这说明，他们的集体主义价值观和个人自由或利益的矛盾冲突中仍然没有放弃集体主义。

总之，当代大学生在不断的价值冲突之中形成了属于自己的独特价值观。在大学生群体之中，有一部分大学生往往将价值观过分地定格在自我身上，强调自己所获得成绩完全是依靠个人的努力与拼搏实现的，以自我为中心，忽视了社会和国家在这个过程中的积极作用，形成了褊狭的价值观念。

(三) 当代大学生的道德修养现状分析

“修养”一词源于中国的儒家论著中。它强调人们通过内心反省和自我完善，实现人们与他人交往的和谐。现代汉语认为“修养”这个词语的含义包括两方面，分别是指人们在学识、理论、文学、艺术的造诣和人们看待社会问题的思想觉悟、道德水准和处世方法等方面的态度与表现，即日常的思想道德修养。这里所解释的修养也主要指思想道德修养。从大学生的日常交流来看，大学生的思想道德修养是大学生思想素质的重要方面。

1. 大学生思想道德修养的积极表现

大学生的思想道德修养主流是健康与积极向上的。大部分大学生都能够做到爱护公物和国家财产，保护环境，对同学团结友善，对责任勇于担当，这些主要表现在以下几方面。

(1) 大学生具有良好的社会公德。绝大部分大学生具有良好的社会公德，能够遵守纪律、爱护公物及国家财产、节约资源、保护环境。

(2) 大学生能够做到团结友善。当代大学生能够与周围人很好的相处。在他人利益受到侵犯时，大学生也能够做到主动帮助他人。这些都说明大学生具备这方面的基本素质。

(3) 大学生能够对自己的行为负责。大学生往往具备一定的理性，他们能够对自己的行为进行判断，对自己的行为后果有一定的考量。在一些行动结果出现意外之时，也能够积极负责。

2．大学生思想道德修养的消极表现

有积极就有消极。一部分大学生的思想道德修养不高也是在大学校园之中客观存在的事实。比如在学术上存在严重的不端现象，生活中说脏话、粗话而且骂人，甚至知法犯法。这些主要表现在以下几方面：

(1) 诚信缺失。诚信问题已经逐渐成为大学校园建设中最严重的一个问题。在校园之中，大学生论文抄袭已较普遍，且有不断蔓延的趋势。论文抄袭不仅对大学校风和学风产生恶劣的影响，而且还影响到了大学生的人才培养质量。这从一个侧面表现出大学生的责任意识缺乏的问题。

(2) 缺失文明礼貌也是一个值得重视的大学生思想道德修养问题。知文识礼是一个大学生应有的接人待物的基本素质之一。交往中，有时大学生却常常表现出不文明、不礼貌。大学生说粗话脏话是对自己极端不负责任的一种行为，应不断加强自律意识，提高自己在这方面的修养，提升自己接人待物的能力。

(3) 缺乏自律精神。大学生在受到外界不文明甚至违法行为的侵扰时，往往会纵容他人的行为。这类人走上社会以后一定经不住社会上的各种诱惑，铤而走险，对自己、他人和国家造成危害。

(4) 不够自尊自爱。人只有首先自尊自爱，才能赢得别人的尊敬和爱戴。在面对爱情与金钱之时，一部分大学生愿意以自身的尊严换取一时的享乐。

(5) 缺乏毅力和艰苦奋斗精神。毅力是大学生能够将自己所面对的问题转化为现实成果的一个重要因素。艰苦奋斗、从零做起，这些都需要大学生坚持走自己选择的路，不断克服困难。由于大学生没有经历过艰苦的日子，他们面对困难时，一定要提醒自己不要被困难所打败。

二、当代大学生家庭责任缺失的主要表现

作为半独立的社会人，大学生受到家庭的影响逐渐变弱，而受到学校和社会的影响则逐渐变强。对于许多大学生来说，他们的家庭依赖性在逐渐减弱的同时，也逐渐忽视自己对待家庭的那份责任。一个合格的社会人，他们不仅要获得自己自食其力的能力，还要培养其对待家庭的责任意识。就当代大学生来说，家庭责任缺失的主要表现包括以下几方面。

(一) 对所在家庭的责任的淡漠

当代大学生大多出生于 21 世纪，而且多为独生子女。丰富的社会物质财富、家中长辈的溺爱和多元文化的熏陶对他们的人生观、世界观和价值观产生了非常负面的影响，使他们在很多问题的认识上偏离了传统观点。在他们进入大学以后，

他们受到家庭的影响也越来越小。家庭在他们的认识之中也越来越模糊。当代大学生对所在家庭的索取意识强于责任意识。近年来，关于大学生对父母缺乏感恩，甚至完全不负责任的事例时常见诸媒体。大学生对家庭的一些做法常常让人警醒。人们在关注他们行为的同时，也不禁在反思如何对大学生进行感恩教育和责任教育的补救。现在大学生有很多平时问候辛苦的父母，只会伸手要钱。他们只知道自己辛苦十二载，却不知道还有很多人和他一起在奋斗。大学生家庭责任感的冷漠，一时之间寒了可怜的父母心。

(二) 缺乏对未来家庭的责任意识

大学生是要走向社会，组建自己的家庭的。然而现实之中的一些问题不得不让我们思考，他们在走向社会之后能否交出一份完美的家庭责任答卷。个别大学生思想不成熟，在没有完全理解和树立婚姻家庭观念和责任意识的时候，盲目过性生活甚至生子。从最近几年的离婚数据中也能够看出，他们对家庭的责任意识缺乏。2019 年上半年，北京市离婚原因中填写“草率结婚”的有 3 439 对，大部分是“80 后”。这份责任的疏忽，并不完全是他们的错。在 23~32 岁这个年龄阶段，许多大学生毕业后忙于自己的事业，思想不稳定，感情转移快，如果前期的家庭责任意识没有树立起来，认为恋爱、结婚、离婚这些事情都是个人的事情，就难免对婚姻草率处理。大学生家庭责任教育的缺乏是造成这一问题的主要原因。

三、大学生社会责任意识的现状

(一) 大学生政治素养和爱国热情较高

当代大学生是一个充满活力与希望的群体。对国家和社会来说，他们的责任就意味着国家和社会的未来。从知识上说，当代大学生具备了一定的民主政治观念，他们对于社会的认知要强于其他同龄人，这也在他们的责任意识上有所表现。当代大学生已经认识到他们对国家和社会所要承担的责任。所以他们热爱祖国，拥护党的领导，对走中国特色社会主义道路信心饱满，在重大政治问题上他们也十分坚决地跟党和国家站在一起。关于这一点，我们可以从 2008 年北京举办奥运会得到验证。奥运圣火护卫事件发生以后，我国大学生积极发声，采取十分理性的方式展开自己的爱国行动，展示出了中国新一代青年的政治责任意识。

(二) 大学生热心公益，表现欲和参与意识较强

对于公益事业，当代大学生也非常支持和热心。有一项调查显示，有一半大学生愿意抽出时间参与社会公益。他们渴望在各种活动中展示自己对社会的贡献。

他们对事物的评价不仅停留在口头上，而且非常注意实践。在高校经常开展的大学生志愿者活动和“三下乡”活动中，人们可以经常看到大学生的身影。这些都能说明当代大学生在平凡的岗位上实现着自己的价值。

第三节　构建大学生责任教育的培养机制

大学生责任意识是在内因与外因共同作用下形成的。内因是指大学生对责任的自我认识，外因是指有利于大学生责任意识形成的外在条件。总体来说，内因与外因与大学生责任意识的形成都有密切关系。培养大学生的责任意识必须要发挥大学生的主观能动性，且辅之以外部保障条件。内因条件与大学生的素质紧密相关。作为教育者来说，能做的只能是外因的保障建设，使其日益完善。

一、加强责任意识教育制度建设

责任意识教育要克服随意性与盲目性，利用制度提升责任意识教育的科学性与实效性，提高其教育质量。

责任意识教育制度要从实际出发，以以往的责任意识教育的经验教学为起点，兼顾师生的素质水平。责任教育制度制定者从师生的切身利益出发，针对现实社会的要求，提升制度的可操作性。

责任意识教育制度建设要体现激励机制，与实际教育效果挂钩。责任意识教育的结果同思想道德修养教育的结果存在紧密联系。责任意识教育可以借鉴道德教育的内容方法和要求，指导责任意识教育制定奖惩办法。

责任意识教育制度建设要注意制度的系统性。责任意识涉及方方面面，其制度建设问题也包含多个方面。制度建设要考虑到对受教育者责任的教育要突出不同的侧重点，明确问题和要求。

责任意识教育制度要注意将教育规范作为其中的关键环节。学校的各个单位都要把执行责任教育制度作为自己工作的职责之一，依据工作分工的要求，严格落实责任教育制度，抓好学校的责任教育制度建设。

二、发挥课堂教育的主渠道作用

课堂教育是高校培养人才的主要形式，这决定了课堂教育是责任教育的主渠道。要充分认识课堂教学的作用，充分发挥其育人功能。广大学生要充分利用课堂教学掌握责任教育的知识，并把课堂教学与现实生活结合起来，在生活实践中提高责任素质。

(一) 思想政治理论课是责任教育的“尖刀手”

思想政治理论课是大学生的必修课，是进行责任教育的主渠道。思想政治理论课程中的“思想道德修养与法律基础”课是实施责任教育的重点课程，要注重发挥好该课程对责任教育的作用。

思想政治课堂教学具有两种功能，即传授知识和思想教育，两者是紧密相连的。在理论课教学中，要把握好传授知识与责任教育的结合，把侧重点放在思想教育上，通过教授相关方面的知识，为开展责任教育创设条件。思想政治教育理论课教学是一个系统，要把系统教学与专题教育结合起来，提高责任教育在思想政治理论课中的地位。

教师要把理论讲解与实践活动结合起来，增强责任课堂教学的效果。教师可以将第一课堂与第二课堂相结合，发挥第二课堂对第一课堂教学过程积极作用，运用丰富多彩的文化活动增强大学生责任意识教育的实际效果。教师还应该加强实践教学在思想政治理论课教学之中的重要地位，紧密联系现实社会生活，重视学生对待责任的态度与看法，结合责任意识教育之中学生的困惑与问题，将责任意识的内容讲清楚、讲透彻。

(二) 发挥其他课程的责任教育作用

开展责任教育是高校全体教师的职责，也是高校全体教职工的职责，要树立责任教育是全校各门课程的责任的观念，充分调动广大教师的积极性，根据不同课程的内容和特点，赋予不同的责任教育职责，充分发挥各门课程课堂教学在大学生责任教育中的作用。

教师要深入挖掘各门课程的责任教育资源。在教授专业课过程中，教师要注意向责任领域延伸，寻找灌输责任理念的切入点。结合专业课教学，运用案例向学生传授责任道理，灌输诚实守信光荣的观点。大学生在学习专业课的过程中，不仅要掌握专业知识，而且要从中领会讲究职业道德的责任精神，遵守法规纪律的法制观念，尊重客观规律，崇尚科学的求实理念，培养负责任的学习态度。

三、营造责任教育的文化氛围

责任教育文化是社会主义核心价值体系指导下的先进文化的重要组成部分。高校的责任教育文化氛围，主要指有利于培养责任素质，促进责任意识转化为责任行动的校园环境。要动员组织大学生共同建设责任教育文化氛围，在建设中践行责任道德准则，在责任教育文化氛围的感染和影响下，推进责任教育的深入开展。

(一) 营造责任教育的校园精神

文化责任教育的校园文化精神是指办学思想和理念的形成、校训的提出、校园主流思想价值的确立以及校风、教风、学风的建设，都必须突出责任意识，体现实事求是精神，以诚实可信的力量，使师生员工在思想上、感情上认同，达到全校思想的统一。

责任教育的校园精神文化的作用体现在三方面：一是导向功能，以鲜明的价值取向和积极向上的主流意识，对人们的思维方式、价值观念和行为规范产生积极的影响，指明师生员工责任道德修养的正确方向；二是凝聚功能，责任精神文化建设可以把人们的价值观和道德追求凝聚到积极进步的主导价值和先进文化观念上来，形成统一的责任思想道德；三是指导实践的功能，责任精神文化指导道德建设，将责任思想观念转化为责任实践行动，其主流意识和价值导向体现在办学理念的实施、校训精神的践行以及校风、教风、学风的建设中，成为师生员工的实践行为。

在进行责任教育的校园精神文化建设时，要坚持办学文化传统、人文精神和科学精神相结合的原则，以负责任的态度从事责任精神文化建设。在办学思想和理念的基础上，要从实际出发，尊重国内外高等教育发展的客观规律和形势，认清本校的发展定位和实际能力，发挥自身在经济社会发展中的实际作用，使办学理念既有前瞻性的发展空间，又切实可行。

(二) 开展责任教育文化活动

(1) 寓责任教育于文化活动之中。积极开展主题突出、形式多样的思想政治、科技文化、文娱体育等校园责任教育文化活动。学校领导要重视开展责任教育的文化活动，吸引大学生积极参加，拓展责任意识教育的群众基础。责任教育的校园文化活动要注意提高质量，重视活动对大学生的吸引力和感染力，通过这项活动引起大学生的积极思考，从而逐渐提升大学生对责任的道德评价和修养水平。

(2) 广大高校思想政治教育管理者要紧跟时代的发展不断创新教育文化活动的载体。时代在不断变化，广大高校思想政治教育要结合时代发展的特征，结合时代特色开展文化活动。当前，文化活动的主要载体通常是网络。高校思想政治教育工作者要结合网络中出现的各种特色文化，开展能够吸引学生积极参与的校园文化活动，并利用学生的积极性，扩大该文化活动的影响范围。

(3) 发挥大学生在责任教育文化活动中的主体作用。学校要通过各种方式大力支持学生社团开展的责任教育文化活动，并给予热情引导和帮助，注意在活动中突出责任主题，保持正确方向。大学生社团要增强活动的主动性和计划性，融思想道德教育和学生的文体科技活动于一体，通过活动的组织实施，达到大学生自我教育和自我管理的效果。

第六章　大学生心理健康教育

第一节　大学生心理健康的科学认识

一、心理健康

(一) 健康

20世纪初，《简明不列颠百科全书》对健康定义为："没有疾病和营养不良以及虚弱状态。"

随着现代科技的飞速发展与社会文化的进步，健康的内涵和外延也发生了重大的变化，健康不再局限于无躯体疾病。1948年，世界卫生组织(WHO)，把健康定义为："健康乃是一种生理、心理和社会适应的完满状态，而不仅仅是没有疾病和虚弱的状态。"这是第一次对健康较为全面、科学、完整、系统的定义。这种对健康的理解意味着，衡量一个人是否健康必须从生理、心理、社会适应等方面进行分析，不仅要看他的身体有没有器质性或功能性异常，还要看他的心理有没有主观不适感，有没有社会公认的不健康行为。

1989年，世界卫生组织又提出了21世纪健康新概念："健康不仅是没有疾病，而且包括躯体健康、心理健康、社会适应良好和道德健康。"新增加的道德健康是指不能损坏他人的利益来满足自己的需要，能按照社会认可的行为道德来约束自己并支配自己的思想和行动，具有辨别真伪、善恶、荣辱的是非观念和能力。道德是调整人与人之间以及个人和社会之间相互关系的行为规范的总和，是人们共同生活的行为准则与规范。违背道德的行为容易导致紧张、恐惧等不良情绪，容易引发神经中枢、内分泌等系统的失调，降低免疫系统的防御功能。医学研究发现，贪污受贿的人容易患癌症、脑出血、心脏病和精神过敏，而为人正直、心胸坦荡、心地善良、淡泊名利则能使人保持身心的平衡与健康。可见，能否正确处理与他人、社会的关系对心理健康至关重要。

为了加深人们对健康的认识，世界卫生组织还在2000年规定了健康的10条标准，具体如下。

(1) 精力充沛，能够从容地应付日常生活和工作压力，不感到过分紧张。

(2) 社会生活的态度积极，对于大事小事不过分挑剔。

(3) 善于休息，睡眠良好。

(4) 能够适应外部环境的变化。

(5) 能够抵抗一般性的感冒和传染病。

(6) 体重适当，身体匀称。

(7) 反应敏捷，眼睛明亮，眼睑不发炎。

(8) 牙齿清洁，无空洞，无痛感，无出血现象，齿龈颜色正常。

(9) 头发有光泽，无头屑。

(10) 肌肉和皮肤富有弹性，走路轻松。

这 10 条标准的前 4 条是心理健康的标准，后 6 条是生理健康的标准。生理健康与心理健康二者相互影响，相辅相成，缺一不可。当生理产生疾病时，其心理也必然受到影响，会产生情绪低落、烦躁不安、容易发怒等情况，从而导致心理不适。同样，那些长期心情抑郁的人，也会患生理疾病。

(二) 心理健康

心理健康既是指一门学科，也是指一种实践活动，同时，也是一种心理状态。它是探索和研究人的心理健康的形成、发展、变化的规律，以及如何维护和增进心理健康的学问。心理健康与人学生成长成才息息相关。

从广义上讲，心理健康是指一种高效而满意的持续心理状态。从狭义上讲，心理健康是指人的基本心理活动过程与内容的完整与协调一致。即心理健康是指生活在一定社会环境中的个体，具有一种持续良好的心境，其认识活动、情绪反应、意志行动处于积极状态，而且具有适当的调控能力，并能充分发挥其身心的潜能。

(三) 心理健康的特点

1. 心理状态具有相对性

首先，人的一生的发展会经历不同的阶段，各个阶段的心理特征具有相对性。比如，一个成年人一会儿哭，一会儿笑，喜怒无常，大家觉得他不正常，但一个小孩出现这个情况则是正常的表现。其次，人的心理健康随着人们所处的时代、环境、文化背景等不同，其标准也不一样，比如，同性恋在西方国家的认可度比在中国高。

2. 心理状态具有连续性

人的心理健康水平虽然可分为不同的等级，但是心理的“正常”和“异常”、心理健康与心理不健康之间并没有明确的和绝对的界限。一般认为，人的心理及行为是一个由“正常”逐渐向“异常”，由量变到质变，并且相互依存和转化的连续谱。

3. 心理状态具有动态性

人的心理健康的水平受个人的成长、经验的积累、环境的改变、生活事件以及自我调适水平的影响。所以人的心理健康状况不是一成不变的，而是一个动态的过程。它可能因个体自身的发展而变化，可能因个体所处的环境而变化，可能因生活事件而发生改变。

4. 心理状态具有可塑性

如果在学习、生活中出现了负性的应激事件，人的心理健康水平就可能会下降，甚至会出现心理问题和心理疾病；反之，如果心理有了困扰或出现失衡时，学会及时自我调整和寻求心理咨询的帮助，就会很快解除烦恼，恢复健康的心理。

二、大学生心理健康的标准和测定方法

(一) 我国大学生心理健康的标准

大学生是一个特殊的社会群体，根据大学生的年龄特征、社会角色和心理发展的特点，我国大学生心理健康有以下的标准。

1. 有效的学习和工作

这是大学生心理健康的基本标志。心理健康的大学生能够正常地利用和有效地发挥自己的智慧和能力，在学习和工作中取得应有的成效，并从学习和工作中获得一定满足和乐趣。

2. 客观的自我认识

心理健康的大学生对自己有比较客观的认识和评价，既不是过高地评价自己，以至狂妄自大；也不是过低地评价自己，以至自暴自弃，而是愿意努力挖掘和发展自身的潜能。同时，能够悦纳自己，对于自身通过能力而无法补救的缺憾，也能安然接受而不是无谓的幽怨。

3. 适当的情绪反应

心理健康的大学生能够适时适度地抑制或调动自己的情绪，当引起某种情绪的因素消失之后，会视情况而逐渐平复，恢复到正常的生活形态，不会漫无止境地延长以至使整个生命都弥漫着这种情绪。能够经常地保持愉快、开朗、自信、满足的心情，善于从生活中寻求乐趣，对生活充满希望。

4．和谐的人际关系

心理健康的大学生总是乐意与人交往，并且在交往时持有肯定的态度(如信任、友爱、尊重、赞美等)总是多于否定的态度(如怀疑、憎恨、蔑视、嫉妒等)。在与人交往中能够保持独立而完整的人格，客观地评价他人，与人和睦相处，乐于助人，对其所在的集体总是予以关心和爱护，有一种休戚与共的感情，必要时能为集体放弃个人的某种愿望。

5．统一的人格

心理健康的大学生能够保持相对稳定的、有机统一的人格，能够以正确的人生观和信念为中心，将自身的需要、动机、思想、目标与行为统一起来，使其自身的各种人格特征具有一致的倾向性。这并不是说大学生的人格一成不变，而是指随着客观现实的变化而发生相应的变化，并且在变化中保持各方面的协调性，从而使人格得到不断完善。

6．与社会的协调一致

心理健康的大学生能够与社会保持良好的关系，主动地去了解社会和适应社会。如果发现自己的思想、欲望、目标和行动与社会的利益和大多数人的利益相违，就会放弃原有的想法或调整自己，以谋求与社会的一致，逐步建立符合社会规范、适应社会变化的生活方式。健康的人具有积极的处世态度，勇于改造现实环境，以达到自我实现与对社会奉献的协调统一。

在人生发展的过程中，心理的健康是一个动态的概念，随时都有可能出现不健康的心理，大学生同样如此。只要对心理健康给予足够的重视，经常对照心理健康的标准，及时调适自己。的心理，就能够保持心理健康。

(二) 大学生心理健康的测定方法

人的心理是人脑的内部活动。科学无法直接测量人的心理，只能根据人的具体活动加以推断，通过测量作为心理外部表现特征的行为(如人的言行)，间接知道人的心理特征和心理健康水平。

1．精神检查法

精神检查法原指精神科医生收集精神科病史时，通过交谈与观察检查患者精神活动的一种常用方法。在这里引申为对心理健康状况进行评判的一种方法。该方法通常由具有心理健康专业知识的专业人员，在心理咨询或治疗中，对当事人做出心理健康问题的性质、类型、程度的评判。精神检查法多用于个别检查，要求评定人员具有较丰富的专业知识和经验，否则容易误判，尤其当症状不典型、不明显或时好时坏时，更需谨慎。

2. 心理测验法

心理测验法是运用各种标准化的心理健康量表对个体进行测试，把测试结果与常模进行比较，若某项测试结果超出该项常模过多，一般认为是异常的。该方法除对个人使用外，还大量地用于团体测验和心理健康的流行病调查，其目的是为了把握某一人群的心理健康分布状况。目前，心理健康测定中心理测验法是使用最广泛的一种方法，其用途很广：在教育工作上，它可以测量学生的智能、品德、个性发展，学习动机及兴趣爱好，便于因材施教。在人才选拔和职业指导上，有利于实现人职匹配。每一种职业往往对就业人员的心理结构都有一定的要求，心理测验便是了解一个人心理结构的一种简洁、可靠的方法。常用的心理测验有智力测验法、能力倾向测验、人格测验、成就测验及各类职业倾向性测验等。心理测验法虽然比较科学、可靠，但必须有相应的量表，而且使用者要经过专业培训。目前有关心理健康方面的量表使用的范围、测定的内容有限，还不能满足社会需要。

在实际的心理健康测定操作中，尤其在面临难以判断的情形时，为了增加结论的可靠性，常将心理测验与精神检查两种方法结合使用，或先做心理测验，对提示可能有异常者再进行面谈和深入了解，或先做一般性精神检查，再用适宜的量表做专门评定。

3. 统计学方法

统计学方法是心理测验中经常使用的一种判定方法。如同人的身高、体重、红细胞数、血压等都有一个大致正常的范围，尽管个体心理活动的特征有较大的差异，但正常人心理活动的各个层面总体上有一个分布比较集中的区域，即常态区域。如果偏离常态分布，超过或低于某个临界限值，就可以视为心理异常。这种判定方法的好处是操作比较简便，有客观的统计学指标。但缺点是人群中的少数人(如智商特别高的天才)就可能被当作是偏离正常范围而被错误地诊断为心理障碍。而且，无论社会如何进步，即使是全体社会成员的心理健康水平全部有了很大的提高，只要个体间有差异，这些差异就会被当作心理障碍，也就是总有1%～5%的个体被认为存在心理障碍。

三、大学生心理健康教育

(一)大学生心理健康教育的目标

1. 当前目标与长远目标

大学生心理健康教育当前的目标主要是针对大学生个体存在的问题，如对于人生中出现失恋、学习成绩差、被同学轻视、感到空虚无聊等，应当及时地进行心理疏导，以解除当事人即时的心理困扰；长远目标通常涉及大学生心理素质的提高和健康人格的塑造，使他们有机会重新认识自己、接纳自己，进而欣赏自己，跨越成长障碍，使自己的潜能得到充分的发展。在心理健康教育过程中，当前目标与长远目标应当有机地结合起来。

2．发展性目标与补救性目标

大学生心理健康教育的发展性目标是要对大学生的心理素质和心理健康进行有目的的培养和促进，使他们的心理素质不断优化，形成健康的心理，从而能适应社会，健康地成长和良好地发展；补救性目标则主要是针对少数在心理上出现问题的学生，它是治疗性的和矫正性的。发展性目标与补救性目标的结合，可以增进全体学生的心理健康，提高大学生的学习与生活质量。

3．具体目标

具体目标反映学生在各个不同阶段的心理发展任务。大学新生的适应问题、毕业生的择业问题，都是在现实生活中发生而需要及时进行心理疏导或干预的具体目标问题。

具体来说，大学生心理健康教育的目标主要有以下三点。

(1) 了解心理健康的功能。随着社会的发展，人们对心理健康教育的认识也在不断深化，提出了心理健康教育的三级功能：初级功能、中级功能和高级功能。初级功能是传授和提供心理健康知识，预防和减少心理疾病的发生；中级功能是增强心理素质，完善心理调节；高级功能是健全个体和适应社会。我国是发展中国家，心理健康教育目前正处在初级功能阶段。我们要通过全社会的重视，特别是教育部门的重视，逐步发展心理健康教育的中级功能和高级功能，使心理健康教育更趋完善。

(2) 树立科学健康知识。了解心理健康的知识，使大学生不仅认识到除了要有健壮的体魄、健康的躯体，还应有良好的心理素质和社会适应能力。未来竞争的焦点是人才竞争，而健康水平又是人才竞争中最重要的条件，要使自己保持人才竞争的有利条件，就要有增进健康的紧迫感。

(3) 丰富大学生的心理卫生知识，提高自我保健能力。目前，我国大学生心理卫生知识水平不高，且明显与年龄及学历很不相称。与心理健康有关的知识水平是促使行为和生活方式改变的最基本条件，也是人的整体素质的重要方面。心理健康教育就是要使大学生改变心理卫生知识贫乏的现象，充分运用文化水平高、学校设备先进、信息传递快、资料丰富等良好条件，努力掌握并丰富心理卫生知识，学会观察分析各种生理、心理和社会的影响因素，改变不健康的行为和不良的生活方式，提高自我保健能力。

(二) 大学生心理健康教育的有效途径

1．宣传心理健康知识

在我国，从小学、中学到大学都缺乏相应的、系统的心理健康教育，大学生对健康的认知存在着不同程度的偏差。这些偏差主要表现在两方面：一是对健康含义的片面理解。一部分大学生并没有认识到心理健康是评价健康与否的重要组成部分，他们只注重身体健康而忽略了心理健康。二是对心理健康含义的片面理解。他们往往忽略了大学生应具有的持续的、积极的心理状态，忽略了自身潜能的发挥。为此要充分利用学校广播、电视、计算机网络、校刊、校报、橱窗、板报等宣传媒体，通过第二课堂活动，广泛宣传、普及心理健康知识，强化大学生的参与意识，提高广大学生的兴趣。大学生掌握了心理健康的知识，就有了自助的能力，就能防患于未然，顺利地度过大学生活。

2．开设大学生心理健康教育课

大学生心理健康教育课，是为满足大学生适应自我成长成才的迫切需要而开设的一门重要课程，旨在使学生较系统地掌握心理健康的基本知识，介绍增进心理健康的途径和方法，帮助大学生认识健康心理对成长成才的重要意义。心理健康教育课以课堂教学为主要形式，针对性强，信息量大，学时相对集中，师生交流便捷，在大学生心理健康教育的众多途径中具有独特地位。要建设一支以专职教师为骨干，专兼结合、专业互补、相对稳定的大学生心理健康教育与咨询工作队伍，并通过知识传授、案例教学、体验活动和行为训练等多种形式，努力提高课堂教学的水平和效果。

3．开展心理咨询

心理咨询是由专业人员即心理咨询师运用心理学以及相关知识，遵循心理学原则，通立各种技术和方法，协助来访者解决心理问题的过程。学校应积极创造条件建立心理咨询室，对学生进行心理辅导，同时还要建立一支以精干专职教师为骨干、专兼结合、专业互补、相对稳定的心理健康教育工作者队伍，开展心理咨询工作。心理咨询又可分为个体心理咨询和团体心理咨询。大多数的时候，应采取一对一的个体心理咨询。此外，还可把具有相同心理困扰的学生组成一个小组进行团体咨询，在这个小组中，他们可以获得一种支持性力量，觉得自己不再孤单，从而增强消除障碍的决心。

4．进行自我教育与自我调节

自我教育是大学生在自我意识的基础上，为了形成良好的心理素质而对自己自觉进行心理调节和行为控制的活动，是大学生主观能动性的表现，也是心理健康发展的内在力量。自我教育、自我调节是心理健康教育中的关键环节，起着决定性作用。大学生可以通过以下几种方式进行自我教育、自我调节，从而不断提高自己的心理健康水平。

(1) 建立科学合理的学习生活秩序。大学生要增进心理健康，必须建立科学合理的学习生活秩序。此外，要科学用脑。学会用脑卫生，改进学习方法，科学地支配时间，劳逸结合。运用心理学的原理来组织自己的学习过程，提高学习能力和学习效率。

(2) 学会转换心情。当发生不愉快的事情的时候，不要总是想着它，要避免情绪的失控，可以采取转移注意力等方法告诫或者提醒自己制怒，也可以脱离现场出去散散步、看看电视、找朋友聊天等。幽思苦愁无济于事，不如抛开它，去做一些可以转换心情、调节情绪的事情。如果总是郁结于心，耿耿于怀，会使不良情绪不断蔓延，日益加重。

(3) 学会合理宣泄。大学生受挫后，心理上处于焦虑、愤怒、冲动的应激情绪状态中，如得不到妥善的化解，就有可能表现出攻击、轻生等种种消极的行为反应。这给大学生本人或社会都会带来不良的后果。因此，采取一些合理的宣泄方式，恢复心理平衡对于大学生来说是十分重要的。

第二节　直面挫折，培养逆商

有一位著名人物，他的人生经历了许多挫折：

1809 年，他出生在寂静荒野上的一座简陋的小屋。

1816 年，7 岁，他全家被赶出居住地，他必须工作以养活家人。

1818 年，9 岁，他年仅 34 岁的母亲不幸去世。

1827 年，18 岁，他自己制作了一艘摆渡船。

1831 年，22 岁，经商失败。

1832 年，23 岁，竞选州议员，但落选了，想去法学院学法律，但进不去，工作也丢了。

1833 年，24 岁，向朋友借钱经商，年底破产。接下来他花了 16 年，才把这笔钱还清。

1834 年，25 岁，再次竞选州议员，当选。

1835 年，26 岁，订婚后即将结婚时，未婚妻病逝，他的心也碎了。

1836 年，27 岁，精神完全崩溃，卧病在床 6 个月。

1838年，29岁，努力争取成为州议员的发言人，但没有成功。

1840年，31岁，争取成为被选举人，落选了。

1843年，34岁，参加国会大选，又落选了。

1846年，37岁，再次参加国会大选，这次当选了!他前往华盛顿特区，工作表现可圈可点。

1848年，39岁，寻求国会议员连任，失败了。

1849年，40岁，想在自己州内担任土地局长，被拒绝了。

1854年，45岁，竞选参议员，落选了。

1856年，47岁，在共和党的全国代表大会上争取副总统的提名得票不到100张。

1858年，49岁，再度参选参议员，再度落选。

1860年，51岁，当选美国总统。

1864年，55岁，连任美国总统。

这个人就是亚伯拉罕·林肯。出生在贫穷家庭的林肯，终其一生都在面对挫折：八次竞选八次落败，两次经商失败，一次痛失所爱，甚至还精神崩溃过一次。许多次，他绝望至极，但他没有放弃人生这场马拉松，因为他知道，坚持跑到最后的人才是命运最后的赢家。最后，这位生命的强者成为美国历史上最伟大的总统之一。

综观当代大学生的实际特点，一方面，从入学起，大学生就承受着较大的思想压力，诸如学业上的压力、环境的不适应、未来就业的不确定感等；另一方面，大学生正值青春年少，缺乏人生经验，抗挫折能力与心理调控能力较差，面对困境与重压，容易沉陷在消极的泥潭而不能自拔。例如，一些大学生不能承受学习成绩下降、失恋等带来的身心压力，表现出焦虑、失眠、抑郁、恐惧，个别学生甚至精神崩溃、跳楼自杀……身心的失衡，不仅影响大学生智能的发挥，而且还会使其潜能的挖掘、综合能力的培养、人格的完善受到抑制。因此，积极对大学生进行逆商培养，学习在逆境面前形成良好的思维方式、良好的行为反应方式，十分必要。

一、耐挫力：逆商

逆商(Adversity Intelligence Quotient，AQ)全称逆境商数，是美国著名学者史托兹明提出的，它是指面对逆境承受压力的能力，或承受失败和挫折的能力，亦可理解为面对挫折、摆脱困境和超越困难的能力。史托兹明认为，人生的成功，智商(IQ)、情商(EQ)固然重要，但在更大程度上取决于逆商(AQ)。

史托兹明将逆商划分为以下四个部分。

(1) 控制感。人们对周围环境的信念控制能力。面对逆境或挫折时，控制感弱的人只会逆来顺受，听天由命；而控制感强的人则会凭借一己之力能动地改变所处环境。控制感弱的人经常说“我无能为力，我力不能及”；控制感强的人则会说“虽然很难，但这算什么，一定会有办法”。

(2) 起因和责任归属。造成一个人陷入逆境的起因大致可以分为两类，第一类属内因，因为自己的疏忽、无能、未尽全力抑或宿命论。因内因导致逆境时，个体往往表现出过度自责、意志消沉、自怨自艾、自暴自弃。第二类属外因，如合作伙伴配合不利、时机尚不成熟、外界的不可抗力因素等。高逆商者往往能够清楚地认识到使自己陷入逆境的起因，并甘愿承担一切责任，能够及时地采取有效行动，痛定思痛，在跌倒处再次爬起。

(3) 影响范围。高逆商者往往能够将陷入逆境所带来的负面影响控制在某一范围，并能够将负面影响降至最低。只要能够把握逆境的影响范围，就可以把挫折视为特定事件，认为自己有能力处理，不至于惊惶失措。

(4) 持续时间。逆境所带来的负面影响既有影响范围的问题，又有影响时间的问题。逆境将持续多久？造成逆境的因素将持续多久？逆商低的人往往会认为逆境将长时间持续，越这样想，事实往往越会如他们所想。

由于逆商主要包括上述四个方面的内容，在逆商测验中，一般也主要考察四个关键因素：控制(Control)、归属(Ownership)、延伸(Reach)和忍耐(Endurance)，简称为 CORE。控制是指对逆境有多大的控制能力；归属是指逆境发生的原因以及愿意承担责任、改善后果的情况；延伸是对问题影响工作、生活及其他方面的评估；忍耐是指认识到问题的持久性以及它对个人的影响会持续多久。

逆商是构成一个立体人的重要侧面。一个人逆商愈高，愈能以高心理弹性面对逆境，积极乐观，接受困难，面对挑战，发挥创造性，找出解决方案，因而能不屈不挠，愈挫愈勇，表现卓越；相反，逆商愈低，遇到挫折时常会感到沮丧、迷茫，处处抱怨，逃避挑战，缺乏创意，因而往往半途而废，自暴自弃，终究一事无成。逆商不但与人的成就表现息息相关，更是一个人快乐与否的重要影响因素。

(一) 提高大学生耐挫力的必要性

生活的经验告诉我们，一个要成就大业的人，必须先经历种种磨难、挫折，才能有所作为；反之，那些一遇到小小的挫折便怨天尤人，整天被焦虑、忧伤的阴影所笼罩而不能自拔，前怕狼后怕虎，自暴自弃，甚至走向绝路的人注定只能一无所成。因此，能够忍受挫折的打击，保持正常的心理活动，既是大学生具有良好社会适应能力和心理健康的标志，也是大学生成才的关键。

1．大学生人格完善的需要

当代的大学生没有经历过父辈那样艰辛生活的磨炼，学习和生活环境相对优裕。而且，由于他们父辈不想再让儿女受累吃苦，经常有意无意地保护孩子避免其受困难和挫折。这在为他们提供较好成长环境的同时，又在客观上减少了他们面对挫折与承受挫折的机会。此外，当代大学生是应试教育体制下培养出来的，升学的竞争在相当程度上迫使他们放弃了应有的轻松与快乐，甚至连节假日正常的娱乐也减少至最低的限度。这种教育模式，使不少学生心理的成长缓慢而单一。踏入大学校门后，他们成长环境发生了根本性的变化，大学生们必须独自面对复杂的环境，必按照自己的价值尺度和认知能力做出自己的选择与判断。在这种新的环境下，那些心理成长缓慢的大学生往往显得无所适从，稍遇挫折就消极逃避，推卸责任。如有的学生可能因未能当选学生会干部而怨天尤人，自暴自弃；有的学生可能因一次交往失败而长期自我封闭；有的同学在考试结束后发现自己已不再拔尖便开始郁郁寡欢，甚至自我否定；有的学生离家才几个月就三番五次地哭鼻子要回家；等等。这种对挫折的承受力是令人担忧的。如果不加以抑制，不仅会影响到大学生社会化的进程，而且也不利于他们健康人格的成长。

2．大学生成才的需要

与相对稳定的校园环境相比，大学生毕业后面临的社会环境，将是充满竞争、风险和挑战的市场经济环境，他们要挑起建设社会主义市场经济的重任。但当代大学生是在中国改革开放，综合国力显著增强，人民生活水平迅速提高，社会发生较大变化的环境中成长起来的。一方面，他们获得了比前几辈大学生丰富得多的物质文化生活的保障，接受了比前几辈大学生优越得多的小学、中学教育；另一方面，由于家庭特殊的爱，他们往往缺乏生活经验，缺乏应有的抵抗挫折的能力，并且容易产生脱离现实的虚幻想法，将生活过于完美化，稍有挫折，便产生消极的心理反应，导致情绪恶化或厌世。在当前这个竞争异常激烈的时代里，如果大学生们没有遭受挫折的思想准备，没有抵抗挫折的能力，那么他们将很难在这个复杂的社会中站稳脚跟，寻求发展。

3．社会发展的需要

21 世纪是竞争的时代。从各国综合国力的竞争来看，其实质是科学技术和人才的竞争。人才是一个国家发展最重要的资源，但现代意义上的人才不再是那些高分低能的“高才生”，而是具有德、智、体、美全面发展能力的人，其中包括具有良好的心理素质和社会应变能力的人。大学生是祖国的未来和栋梁，他们的思想道德、素质、能力如何，将直接关系到建设有中国特色社会主义事业的成败和 21 世纪中国的面貌。如果大学生缺乏应有的耐挫力，不可能成为社会主义现代化建设事业的合格人才。因此，增强大学生的抗挫折能力是当代社会发展的实际需要。

二、耐挫力培养的影响因素

（一）生理条件

一个身体健康、发育正常的人，一般对挫折的承受力会比较高。他能够不怕偶尔的饥寒交迫，可以熬夜，也可以长时间地工作而不感到疲劳，因而可能经受住更大的挫折。因为挫折会引起人的情绪及生理反应，给人心理带来压力及紧张感，对体弱多病者这会加重身体虚弱的病情，甚至发生意外。

（二）过去经验

国外曾有人做过一个运动实验。他对一组幼小的白鼠给予电击及传导其他挫折情境，使其处于紧张状态，然后让它们正常生育。长大以后，这组白鼠就能很好地应付挫折引起的紧张状态；而另一组没有遇到这类挫折刺激的白鼠，长大后遭受电击等痛苦刺激就显得沉默和行为异常。对人来说也是如此。在婴、幼儿期所受的刺激，可使成人期的行为更富于适应性和多变性。相反，极少受到挫折，一贯顺利，总受赞扬的人，就没有足够的机会学习和积累对待挫折的经验，他们的自尊心往往过于强烈，对挫折的承受力很低。

当然，任何事情都应有个“度”。如果青少年期遭遇的挫折太多、太大，也会影响以后的发展，可能形成自卑、怯懦等心理特征，也会缺乏克服挫折的勇气。

（三）挫折频率

如果是“屋漏偏逢连夜雨，船破又遇顶头风”，刚刚失恋不久，考试又未通过，没几天又心不在焉地把计算机弄丢了。这种接连遭受挫折，频率过高，耐挫力就会大幅度下降。

（四）认知因素

认知是指对周围事物的想法和观点，也就是人的认识活动。挫折刺激正是通过人的认知而作用于情绪，产生这样那样的心理行为的反应。由于认识不同，同样的挫折情境，对每个人造成的打击和心理压力是不同的。

一般认为，虚荣心重的人对挫折的知觉敏感性高，承受力低。因为虚荣心重的人常常将名利作为支配自己的行为的内在动力，一旦受挫，目标没达到，就会因为虚荣心没得到满足而难以忍受。

（五）个性因素

个性是一个人所有具有意识倾向性和较稳定的心理特征的总和。一个人的性格特征、个人兴趣、世界观都对耐挫力有重要作用。

性格开朗、乐观、坚强、自信的人，耐挫力强；性格孤僻、懦弱、内向、心胸狭窄的人，耐挫力低。当人们对某事有浓厚的兴趣，一心钻研，这在别人看来是很苦的事，他们却乐在其中，其挫折受力就强。诺贝尔研究炸药过程中，多次发生爆炸事故，弟弟被炸死，父亲受重伤，自己也有几次生命危险，却终获成功。可见，个人兴趣也是应付挫折不可忽视的因素。

(六) 社会支持

正如人们常说，“一个痛苦两人分担，痛苦就减轻了一半。”当一个人感到有可以信赖的人在关心、爱护和尊重自己时，就会减轻挫折反应的强度，增强挫折的承受力。

三、大学生逆商培养

培养逆商是大学生适应生存环境和全面成长的需要。只有在逆境中，人们才能学会思考和进步；只有在逆境中，在遭受失败和挫折后，个体才能真正发现自己的不足，这些思考都能为前进打下坚实的基础。

(一) 及时调整受挫后的情绪反应

挫折是个体的既定目标受到阻碍或干扰，需要不能满足时，产生的不良情绪体验及相应的心理、行为变化。不良情绪是个体在逆境中最常见的反应，有其存在的必然性，但是过度的不良情绪对逆境中个体的认知与行为都将产生极大的负面影响。因此，大学生受挫后首先要调整自己不良的情绪。表情、生理唤醒与主观体验是情绪的三要素，情绪调节相应地也包括表情调节、生理调节与主观体验的调节。

1. 表情调节

表情是表现于外的情绪，包括面部表情、姿态表情与语言表情。个体在逆境中若出现诸如愁容满面、两眼无神的面部表情，或出现诸如双肩下垂、垂头丧气、动作迟滞的姿态表情，或出现诸如沉默寡言或低沉、断续的语言表情，这些消极的表情不仅让周围的人感到压抑，也会使自己的情绪更加低落，更加低落的情绪又会导致更加消极的表情，这样的恶性循环会导致严重的不良后果。因此，大学生在逆境中要努力做到怒不可暴跳如雷，哀不能悲痛欲绝，惧不能惊慌失措，适当抑制自己的不良状态，才有利于尽快走出逆境。

2. 生理调节

情绪总是伴随着一定的生理唤醒，个体遭遇挫折或失败时可能出现呼吸急促、心跳加快、血压上升或下降、血糖上升或下降、内分泌紊乱等生理反应，强度过大或持续时间过久的不良生理反应会对个体的身体健康产生破坏性的作用，这就是我国中医所说的“喜伤心，怒伤肝，忧伤肺，思伤脾，恐伤肾”。另外，不良的生理反应还会进一步加强个体消极的情绪主观体验。以前人们不能理解美国心理学家詹姆士“悲伤乃由哭泣而起，愤怒乃由打斗而致，恐惧乃由战栗而来，高兴乃由发笑而生”的观点，但心理学实验确实发现，生理反应会影响人们对情绪主观体验的感受。因此，由于遭遇挫折与失败积累了大量负面情绪的大学生可以寻求帮助，在有经验的教师的指导下通过呼吸放松、肌肉放松与想象放松来调节自己的生理反应，也可以通过写日记、找人倾诉、放声高歌，甚至通过较大强度的体育运动或到无人之处大吼、大叫、大哭等方式来宣泄自己心中的苦闷与不快，以恢复正常的生理状态。

3. 主观体验的调节

情绪的本质是内在的主观体验，合理情绪疗法认为，不良情绪不是由客观刺激引起的，而是取决于对事物的认识与看法，同样的挫折与失败，不同思想观念的人会产生不同的情绪体验。正确合理的认知与思维方式能够避免不良情绪的产生。

(1) 大学生要全面地、发展地看待逆境，要往前看，并适当地往下看。第一，凡事有正必有反，有利必有弊，即使是失败也可能孕育着成功的因素，不能一叶障目，看不到逆境中的阳光与希望。第二，世界上的万事万物都处在不断的发展变化中，正如人们所说“风水轮流转”“三十年河东，三十年河西”“塞翁失马焉知非福”“苦难也是一笔财富”“天将降大任于斯人也，必先苦其心志，劳其筋骨，饿其体肤，空乏其身，行拂乱其所为，所以动心忍性，曾益其所不能”。第三，大学生在逆境中要往前看，人生不是百米冲刺，而是一场马拉松，一时的成败绝不是一世的成败，坚持到最后才是真正的胜者，在人生的长跑中要有自己富有感染力的、坚定的理想与目标，处于逆境中时可以多想想自己的理想与目标，就会觉得前途是光明的、未来是美好的，目前的失败只是前进道路中的一点小挫折，就能够从情绪的泥沼中站起来。第四，逆境中的大学生可以适当往下看，逆境中的自己如果还是处处和比自己强的人比较，就容易“人比人气死人”，带给你更多的挫败感与不平衡感，当我们适当往下看，改变比较对象，适当降低期望值，心情就会更轻松，更有利于从容自信地应对逆境。

(2) 人在逆境中容易产生各种不良的认知，大学生要善于发现和纠正容易导致情绪问题的认知偏差。有研究认为，绝对化的要求、糟糕透顶与过度概括化容易导致人的情绪困扰。

绝对化的要求的特点是有“必须”“应该”“一定”“不应该”这样的字眼。世上没有绝对不变的东西，绝对化的要求必然会遭遇挫折与失败。逆境中的大学生可以好好思考一下，你之所以这么苦恼，是不是头脑中有一些绝对化的观念，如“我不应该是这样的”“这么倒霉的事不应该让我遇上”“这件事情是不允许失败，必须要成功的”等等。如果出现了绝对化的要求，那就要认识到事物发展的多样性：我们做了一件事情就像抛出了一枚硬币一样，结果可能正面朝上，也可能反面朝上，也就是说有一些因素不是我们所能掌控的，只能尽人事、听天命；人无完人，金无足赤，任何人都会遇到挫折与失败，为什么你就不能失败？另外，纠正绝对化的要求有时还要分清伪因果，比如一些失恋的人最想不开的就是“我对她/他那么好，她/他为什么还要离开我？”实际上，你对她/他好，是你的选择，你可以选择对她/他好，也可以选择不对他好，她/他对你好不好是她/他的事情，二者没有必然的因果关系，你不能用自己的选择去强迫他人的选择。纠正绝对化的要求实际上就是要适当调整对事件的期望值，用“希望”来代替“必须”“一定”等字眼。希望的事情没能实现最多就是失望，不至于让人产生无法承受的感觉。

逆境中的大学生可能还存在糟糕至极的思想认识。糟糕至极的观点即将事物的可能后果想象、推论为非常可怕、非常糟糕，甚至是灾难化的结果，如“这真是糟糕透了”“我是最不幸的人”“我这辈子完了”等等。实际上任何事情都可能更糟糕，比你不幸的人多的是；人的一辈子很长，有很多机会可以重来。我们要准确认识评估不利事件带来的不良后果与影响，将精力放在过程中，采取积极行动努力补救或改变，而不是怨天尤人或自暴自弃。

(3) 过度概括化即由一次或少数几次的结果就得出一个概括化的结果，比如因为自己的一次失败就产生“我太笨了”“我真是一无是处”等对全盘否定的自我概念。消极的自我概念会严重打击一个人的自信心与自尊心；自我概念还对个体的行为起着自我实现的预言效应，即你认为自己是什么样的就会在有意无意中朝着那个方向发展。对于这种过渡概括化的思想要采用语义分析技术，即将主语具体化为事件与行为，为表语位置上的词确定标准。如将“我太笨了”具体化为“在这件事情的这个环节上我采用的方法不够好”，这样的改变一方面可以避免负面自我概念的消极影响，另一方面可以为我们积极的行动改变指明方向。

(二) 认识逆境的生命意义

有这样一个故事：

有一天，农夫的一头驴不小心掉进枯井里，农夫绞尽脑汁想要救出驴，但几个小时过去了，驴还在井里哀号着。最后，农夫决定放弃，他想，这头驴已经老了，不值得大费周折地把它救上来，但是不管如何，这口井是一定要填起来的。于是农夫就找邻居帮忙，一起将井里的驴埋了，以免除它的痛苦。

大伙人手一把铲子，开始将泥土铲进井里。当这头驴意识到自己的处境时，刚开始它哭得很凄惨。但出人意料的是，一会儿它就安静下来了。大家好奇地往井底一看，出现在眼前的情景令他们大吃一惊：当铲进的泥土落到驴的背上时，它将泥土抖落一旁，然后站到泥土堆上面。就这样，这头驴一步一步地上升到井口，然后在众人的惊讶中快速跑开了。

在生命的旅程中，有时候我们难免也会陷入“枯井”，会被各种各样的“泥沙”倾倒在身上，而从“枯井”中脱离危险的秘诀，就是将“泥沙”抖落，然后站到“泥沙”上面去!

逆境可以成为人进步的动力。人生有喜有悲，有顺势也有逆势，遇顺势不要骄傲、盲目乐观，而应该未雨绸缪。懂得了这些道理，逆境才能发挥其积极的功能，进一步激起人们的斗志和求胜的欲望。具有这种心态的人，逆境犹如兴奋剂，激励着他们焕发青春、斗志、热情和潜能，向着希望的顶点不懈地攀登。逆境能使人积累更多的经验。当挫折发生的时候，它能给予我们警告，提醒我们加倍小心。逆境是一座警钟，它警告人们面对逆境时，不能怨天尤人、消极等待，而是要积极地反思，客观地寻找病症。经得起考验的高逆商者常常以其恒心和耐力获酬甚丰。作为吃苦耐劳、坚忍不拔的补偿，不论他们所追求的是什么目的，都能如愿以偿，他们还将得到比物质报酬更重要的经验：“每一次失败都将伴随着一颗同等利益的成功种子。”

逆境中的教训也是人生的财富。逆境有的是自然因素造成的，也有的是人为原因造成的。人之所以遭遇逆境，肯定有其客观或主观方面的原因：或者观念落后、态度不对、立场不对、方式不对、方法不对、计划有误；或者客观条件不成熟，没有满足天时、地利、人和的条件；或者主观与客观不一致，主观愿望违背了客观规律等。所以，不断总结教训，纠正错误，利用天时、选择地利、创造人和，这些过程才是真正实践“失败是成功之母”的哲理。

(三) 培养逆境中的思考模式

处在逆境中，应该如何思考？有一部名为《1997 势不两立》的电影，描写了三个人在北极圈附近因飞机失事而逃生的过程。男主角在别人深感绝望时说了一句话：“大多数野外求生失败的人，是死于羞愧。”何以羞愧？因为拼命自责，怪自己怎么会陷于这种困境。这样一种心态，使人放弃奋斗求生的意志，更不能准确判断该何去何从。因此，处于逆境中，需要一种特别的思考模式。

(1) 让自己喘一口气。荷兰人有一句口头禅：“幸好事情没有更糟。”既然更可怕的状况都可能发生，那么眼前至少自己还活着，可以思考如何走下一步，岂不算是不幸中之大幸？人生中的问题往往会形成趋势，如“每况愈下”“愈演愈烈”。所以，首先要稳住阵脚，避免形势恶化。这个道理就像生病求医一样，只要稳住病情，就有希望走向康复。

(2) 对于自己所处的逆境，要设法理解是怎么回事，即找出导致困境的原因。凡事有因必有果，有果也必有因，困难在于因果关系很难厘清。有时一个原因造成多个结果，有时一个结果由许多原因所造成。辨明其中的关键与症结，目的不是要责怪别人，而是要自我反省，看看自己身上有什么弱点，以至外来因素可以占上风。这也是从经验中吸取教训。失败是一回事，但是如果遇到失败而不曾学得教训，就更不应该了。

(3) 要从局外人的角度来看待自己的处境。以每天的电视新闻为例，各种悲惨的事件频发，我们身为观众有何感受？开始时，也许会深感同情与不忍；久而久之，会生出无力感与无奈感。回到自己身上，即使遭遇了不公的对待或不幸的事件，也不应过于在意。这种想法并非消极或认命，而是为了降低自我中心的情结，增加一些随顺人生的成分，然后凝聚重新出发的力量。

(4) 敞开心胸去接受现实，世界上所有的一切最后都将回归于平静。从永恒的角度看来，世人的得失成败只是犹如海面上的浪花而已；在无垠的宇宙中，小小的地球上所发生的惊天动地的事件又能起什么作用？如此一想，谁还会怨天尤人？与其羡慕别人或自叹命苦，不如珍惜身边的一切，认真活好每一个当下，为任何顺利之事而心存感恩。逆境正是提炼智慧的好时机。

(四) 大学期间逆商培养的重点

大一时期是大学生角色转换的一个分水岭，很多学生刚脱离父母的监护，开始独立自主的学习生活。角色转换最容易引发各种不适应，如学习压力、人际关系紧张、生活自理难等问题。因此，大一时期的逆商培养应该从情感着手，培养自信心和自理能力。在入校后建立合理的心理预期，对大学生活将会遇到的问题有一个大致的认知。

大二时期是大学生的迷惘期，许多大学生在学业、感情、人际关系、社会实践等方面面临抉择与困惑。这一时期大学生逆商的培养主要从学习、感情、生活等问题着手，教会大学生应对这些挫折的基本方法，增强大学生抗挫折的内部动力系统。如针对大二时期学生面临的主要问题——“如何对待考试”，一方面要正确认知考试的“失败”，不及格是失败，如果及格了但成绩没有达到预期也算是竞争的失败；另一方面要正确对待“失败”，改进学习方法，自我创新，自我超越。

大三时期是大学生的问题多发期，他们面临诸如怎样适应社会、如何提升自己的核心竞争力等问题。这个时期，逆商的培养主要从大学生的合理定位着手，培养大学生的实践能力和良好的社会认知，树立符合实际的理想。对前途和未来的忧虑是大三学生的一个普遍心理困扰。对于如何迈进社会第一步，大学生应当形成合理的预期与态度，应多创造机会接触社会。

大四时期是大学生即将踏入社会的一个重要时期，这个时期大学生开始实习和求职，也是大学四年学习期间挫折源最多的一个阶段。这个阶段的逆商培养主要从大学生的自我实现着手，培养大学生的自我设计能力和自我调节能力。在离校实习之前，大学生应当开始学会正确面对求职过程中可能面临的各种问题，合理界定理想与现实的差距，学习求职的基本技巧。对于求职期间出现的心理问题，可以寻求学校心理咨询中心的帮助。

第三节　宽怀包容，突破自我

我们的生命一经赋予，便注定是一段综合了酸甜苦辣、五味杂陈的历程。我们可能经历欢欣雀跃的高潮，也可能跌入沉重悲痛的低谷。喜乐欢悦，人皆爱之，悲恸苦难却少有人欢迎。然而，正是因为生命的多姿多彩，我们才能珍惜那些美好和欣喜；也正是因为生命的无常，我们才有机会去面对那些我们从心底不愿触碰的礁石。要化解这些伤害、挫折、失望、痛苦等负面事件与情绪，需要敞开我们的胸怀，学习宽容，学会敢爱不恨。

一、宽容与自我突破

（一）宽容的胸怀

宽容是一门艺术，一门完善人生的艺术。宽以待人，就是在心理上接纳他人、理解他人的处世方法，尊重他人的处事原则。在欣赏他人的长处之时，也接纳他人的缺点甚至错误。这样，人与人之间才能真正和平相处，社会才更加和谐，人生也更加美好。

宽容是一种胸怀，更是一种境界。做到宽容需要襟怀的容量，也就是度量、气量、宽宏大量。世界上最宽阔的是海洋，比海洋宽阔的是天空，比天空更宽阔的是人的胸怀。如果你对待遇到的人与事能宽容处之，那么，你的心情必然舒畅，你的周围也必然充满快乐和笑声。如果他人对你的伤害本身就是无意的，那么你的宽容就避免了一场误会；如果是故意的，那么你的宽容就化解了一份仇恨。

宽容是一种爱。要相信，斤斤计较、工于心计、心胸狭窄、心狠手辣的人可能一时会占得许多便宜，或阴谋得逞，或飞黄腾达……但不要对宽容的力量丧失信心。用宽容所付出的爱，在以后的日子里总有一天会得到回报。回报也许来自你的朋友，也许来自你的对手，也许来自你的上司，也许来自时间的检验。宽容是我们自己的一幅健康的心电图，是这个世界里一张美好的通行证。

(二) 宽容的气度

宽容是一种非凡的气度，是宽广的胸怀，是对人、对事的接纳；宽容是一种时代崇尚的品德，是吸纳他人长处，充实自我，创造自我价值的良好思维品质。宽容可以塑造一个健康的社会文化氛围，使每个人的个性和志趣得到尊重与发展，使我们生活的社会成为百花争艳的世界。宽容也是个体精神的成熟、心灵的丰盈，是一种仁爱的光芒，也是一种无上的福祉。

中华民族是一个讲究宽容的民族。古训云："己欲立而立人，己欲达而达人。""己所不欲，勿施于人。""君子和而不同，小人同而不和。"宽容的前提是在"存异"中"求同"，它既维护社会生机，保持生活的丰富多彩和日新月异，又寻找生活的最终目的和最终价值，探究生活的和谐与一致。宽容的人总是主动与他人相协调，又不盲目地附和他人。但宽容不是怯懦，不是在威逼利诱前诚惶诚恐、阿谀奉承、点头哈腰；宽容不是在是非曲直面前唯唯诺诺、人云亦云、颠倒黑白。同样，宽容也不是交易，不是为了得到别人的信任而甜言蜜语、口是心非、笑里藏刀；宽容不是为了获取更多的权益，小恩小惠、虚情假意、收买人心。

我们所面对的世界是一个竞争激烈和风云突变的世界，我们的时代是一个价值多元、文化多元的时代，是一个以人为本、共创和谐的时代，也是一个宽容的时代。宽容是时代的要求。面对新时期，我们要有宽阔的胸襟，要摈弃褊狭和嫉妒。时代要求我们宽容，只有顺应时期，我们才能把握创造和发展的机遇。

理解是宽容的基础，宽容是理解的传递。退一步海阔天空，让三分心平气和。宽容自己又善于宽容他人的人，是造福于自己，也是造福于社会。自己给自己多一些宽容，自己就会多很多快乐；自己与他人之间多一些宽容，社会就会少很多冲突、争斗……宽容让世界沐浴阳光，宽容让世界充满和谐，宽容也能让自己活得更快乐、更潇洒、更精彩!

(三) 宽容的态度

人的生命是短暂的，而且不是一帆风顺的，总是在得到与失去、欢乐与痛苦、成功与失败的不断循环中走过。因而，在日常生活中，每时每刻都需要理解与宽容。只有理解与宽容，生活才会绚丽多彩，生命之树才会常青。

要对自己理解与宽容。如果你对自己都不能理解与宽容，那就很难理解与宽容他人了。理解自己在想什么、做什么、想得到什么、想放弃什么。只有在理解的基础上才能知道自己应做什么、应得到什么，才能宽容自己。人的烦恼一半来源于自己，不能宽容自己是自寻烦恼、作茧自缚。只有宽容了自己，人才能变得轻松，才能感到幸福与快乐。宽容地对待自己，就是心平气和地工作、生活。有了这种心境，人才能充实自己、蓄势待发、把握机遇、获取成功，才能让生活更丰富，让生命更有价值。宽容自己就是要淡泊人生，要耐得住寂寞。红红火火、风风光光固然是成功的写照，但平平淡淡才是真。

对于自己的过失，要正确对待并加以宽容。有了过失时，不必灰心丧气、一蹶不振，而应找出原因，吸取教训，引以为戒，取人之长，补己之短，鼓起勇气，重新扬起工作和生活的风帆。

我们不仅要理解、宽容自己，对待他人，我们也要多加理解与宽容。所有人都有缺点、弱点，所有人都会犯错，问题的关键在于人对待错误的态度。如果我们总是对他人所做的错事、所讲的错话斤斤计较，吹毛求疵，苛求他人，而他人也以牙还牙，以其人之道还治其人之身，如此冤冤相报何时可了呢？如果整天生活在“仇恨”“报复”之中，我们只会身心交瘁，不可能幸福快乐。当遇到困难需要帮助时，也不会有人来帮助我们。宽容他人，不仅有益于身心健康，还能赢得友谊，保持家庭和睦、婚姻美满，获得支持与帮助，促成事业的成功，增加生命的价值与意义。

二、宽容与健康

(一) 宽容与身体(生理)健康

多年来，研究人员致力于关注宽容与身体健康的联系，已有研究呈现出两个向度，分别从“不宽容”与“宽容”对身体的影响展开。研究表明，深度被动生气的人，其舒张压都比较高；濒临高血压的大学女生，比一般正常血压的女生有较高的被动性生气情形；面对家庭紧张情境能表达愤怒的人，其舒张压比压抑愤怒的人低。另有研究表明，认为应该强烈表达敌意的人，比认为应该适度表达敌意的人，罹患高血压的可能性高；面对上级领导不公平对待时，认为应该据理力争的人，血压比将气愤藏在心中的人高。综合这些研究，我们大概可以得出以下推断：极端生气的情绪，不管是被动或者直接的表达，都会伤害身体的健康。

(二) 宽容与心理健康

研究表明，宽容能够增进心理健康，减少愤怒、焦虑、抑郁、悲伤，增加希望，并且宽容和自己有重要关系的人，可能会降低焦虑、愤怒及抑郁情绪。

不少社会学家、心理学家还从不宽容的情绪反应，如生气、愤怒、谴责等角度通过个案研究、社会学调查方法等反向研究这些负面情绪与个体、群体心理健康的关系。研究发现，采用负性应对方式可能造成家庭成员心理健康受损，家庭功能失衡。而对一件不公平的事情产生的负性情绪，比如极端的生气、仇恨，可能蔓延至整个团体。

宽容在心理治疗及家庭治疗中，都被认为是一项重要的治疗要素。研究发现，通过个别与团体介入心理治疗，老人、成人、青少年及特定受伤害族群等都能学习宽容并得到心理安适，获得心理健康。宽容疗法不论是对特定类型伤害的受害者，还是对不同发展阶段的人都有比较好的效果。宽容较少将注意力放在愤怒本身，而是放在愤怒的根源，即面对他人伤害我们的事实。宽容能带领人们觉察愤怒的来源及程度，当人有不寻常的愤怒而想要寻求内心的平静时，宽容就是一种有效的方法。

此外，积极心理学认为，当人们掌握与实行获得积极情绪的方法，并将其运用在生活的各个层面，就能获得真实的快乐和大量的喜悦，从而达到美好生活的境界。而宽容在其中扮演重要的角色，它能够帮助我们面对过去的伤痛，释放愤怒与仇恨等负面情绪，重新掌握积极情绪，建立良好的人际互动。

三、宽容与爱

我们的生活可能充斥着各种不满、愤怒、怨恨。家长觉得自己的孩子学习不够好，孩子觉得家长不理解自己；学生觉得学习教育机制不完善、教师水平不够高，而教育者也觉得现在的学生不可理喻、顽劣不恭……有时我们甚至都无法宽容自己，比如总觉得自己学到的知识太少，总觉得自己成绩不够好，不够受人尊重……

(一) 宽容他人，爱他人

宽容的诱因大多是冒犯、伤害或者错误等负性事件。宽容需要我们对作为诱因的负性事件有正确的认知。

负性事件是不可避免的。席慕蓉的散文《白色的山茶花》里有这样一段话：“就因为每一朵花只能开一次，所以，它就极为小心地绝不错一步。满树的花，就没有一朵开错了的。它们是那样慎重和认真地迎接着唯一的春天。”人的生命也只有一次，我们活得小心翼翼，尽量避免错误的产生，但绝没有人会说“我此生无错!”没有人愿意与错误经常照面，然而，每个人的成长史，或者说整个人类文明的发展历程，就是伴随着错误与真理的交替。是什么让我们面对一次又一次的跌倒后，还能义无反顾地原地站起，勇往直前？是什么让我们如此拥有勇气和力量？这之中有信念、有爱、有智慧，当然也不乏宽容。

负性事件具有相对性。错误、冒犯其实也不过是他人对自己设定的游戏规则的打破。每个人都在自己的脑海里预设了一些规则，认为自己或他人应该有什么样的行为，如果违反了规则，就会引起自己内心的愤怒、惆怅甚至绝望。其实，那些规则是否合乎情理？为了那些规则而无端伤神是不是值得？并不是所有人都认真想过这些问题。正是应了那样一句话：我们一直在奔跑，却忘了为什么要出发。所以，我们非常理解自己的伤痛，却往往不容易理解其他人也许只是受自己个人能力、知识、阅历、涵养等限制而做出了错误的行为，他们可能也处于伤痛之中。那个最难让你宽容的人或事，正是你最需要宽容的对象。不宽容从某种角度而言除了自我保护，就是不愿意让自己走向自由。而宽容意味着放下，意味着重获自由。

(二) 宽容自己，爱自己

大多数人会认为宽容是指原谅他人的错误，包容他人的罪过。其实，宽容自己乃宽容他人之基。当我们以为自己只是“宽容”的施予者时，就不免带有一种优越性和超然感。事实上，我们只有在明白了自己同样需要宽容的时候，才能放低姿态，同等地用自己的内心去感受那些曾经让你失望、愤恨的人，进而获得这样的感悟：人人需要被宽容。

宽容自己，是宽容他人的起点。没有一个过分苛求自己的人会真正地宽容他人。每个人都会犯错，每个人的心灵深处都有不为人知的阴暗一角。事实上，在现实生活的世界中，个体能够真切地体验到懊恼、羞愧和自责，在越接近道德规范和标准的同时，就越难以释放心中的这份重负。只有让心灵在阳光下曝晒，抖落那些灰暗，才能真正体会生命的美丽。自我宽容作为一种力量，能够帮助主导者消除负面情绪和内心的冲突，促进自我的整合与悦纳，不再受自责、悔恨的控制和奴役，不再被消极的自我所禁锢和驱使，不再感到焦虑、抑郁和痛苦，能够促进个人积极的社会交往，提高生活的幸福感。

第七章 大学生励志成才教育

习近平总书记指出："实现中华民族伟大复兴，就是中华民族近代以来最伟大的梦想。"习近平在当选国家主席后发表的重要讲话，对"中国梦"的内涵再次进行了科学的阐释，同时还提出了"三个必须"的观点，为实现"中国梦"提出了正确的路径。想要铸就伟大的民族，就必须要有伟大梦想的支撑，习近平总书记对"中国梦"的诠释，不仅是对中国近代史的深刻反思和继承，同时又体现出了全国人民的共同心愿，为中国未来的发展指出了道路，引起了全国人民的共鸣。

没有梦想的民族注定不会走向成功。对于美好的梦想必须要有坚定不移的追求，这样才能铸就伟大的民族。党的十八大以来，习近平总书记对"实干兴邦"多次进行了强调，要坚持社会主义共同理想，为中国特色社会主义的发展做出贡献。对于大学生来说，更应该从自身做起，肩负起历史使命。

大学生是祖国的未来、民族的希望，是实现"中国梦"的重要后备力量。我们党从成立之日起，就始终关心、关注广大青年。大学生要主动将自己的成长成才与实现"中国梦"结合起来，按照"三个必须"的要求，为实现"中国梦"而奋斗。

第一节 励志成才教育的内涵

改革开放以来，随着市场经济和全球化的进程，科学技术的发展和中西文化的碰撞与融合，当代大学生的思想观念、价值趋向和行为方式等发生了较大的改变。因此，高等学校作为一种特殊的社会存在，必须积极引导大学生，细致把握大学生的独立性、多变性、选择性等特点，尽力减少他们在自我认同、价值目标等方面的消极思想，通过加强高校励志成才教育，促进大学生的全面发展，培养他们适应外部多变环境的能力和积极健全的人格。

一、励志成才教育的含义

励志成才教育是教育工作者根据人才培养的基本规律和教育的根本目的，通过特定的途径，采取一定的方法和措施对教育对象施加某种积极影响，使其能够在社会活动中的某一领域具有一定技能和专长。励志成才教育应当注意以下几点：第一，作为一种教育过程它具有一定的完整性，学校的教育只是整体的成才教育过程的一个历史阶段；第二，励志成才教育是一种目标导向式的教育，不局限于具体某方面的专业技能或知识教育，深层意义上它是一种人生观引导教育；第三，励志成才教育具有其自身规律，为了提升、改进高校教育质量及人才培养模式，需不断加强对其规律的研究。

对于蕴含创新精神和创造能力的大学生群体，励志成才教育就是对人性的肯定，对人的智慧和潜能的信任，它能够最大限度激发大学生的创新能力，调动其全部的积极因素，使大学生增强信心，自觉地把“他律”转化为“自律”，形成与社会主义理想相一致的信念，增强大学生思想政治教育的可行性和实效性。大学生的人生观、价值观如何，关系到高等教育的效果。作为教育工作者应该始终追求使教育对象具有坚定的信念和志气，具有自我教育、自我提升的能力，并能将这些能力及思想实践到具体的社会活动中。励志成才教育本身就是一个过程，它包括励志、成才两部分，励志是目标，成才是目的，通过专业化和系统化的教育，唤起大学生的自我意识和成才意识，培养他们自我管理、自我教育的能力，最终激发他们的创造活力以及追求高尚品质的精神气质。

二、大学生励志成才教育的特点

大学生思想政治教育包含励志成才教育这一特有的形式，与一般的教育形式相比，大学生励志成才教育具有以下几个特点。

（一）实践性

大学生思想政治教育的顺利开展需要依靠具体的主题活动来推进，励志成才教育使得这种实践性更加突出。实践是检验理论的根本方法，也是达到理论积淀的最终目的，人类社会的发展离不开实践活动，对其本质和规律的研究是建立在对实践活动的正确分析基础之上的。以励志成才为主题开展大学生思想政治教育，不仅能提高大学生的实践活动能力，还能使大学生在参与实践的过程中充分理解任何理论都需要通过实践来检验的道理。与此同时，励志成才教育也是实现理论与实践相结合的有效模式，能起到引导大学生在具体实践活动中充实和提升自我，使大学生在实践中提高竞争意识和综合素质，达到思想政治教育的目标。

（二）针对性

大学生励志成才教育一般都是针对大学生群体和实际情况来设定和开展的，这一特点也正是高校教育工作者有目的地根据大学生的各项特点和在实际教育形势下进行选择性实施的，并进一步开展适应其心理发展、学习能力、人际关系、道德修养等针对性的活动。也就是说，高校教育工作者必然要正确把握高等学校的教育规律、适应国家整体的社会要求及教育形势，针对大学生这一目标群体实施激励、引导等积极向上的主题教育，为大学生思想政治教育具体活动的开展与发展补充更多内容。

(三) 灵活性

面对一个不断发展变化的大学生群体和社会环境，励志成才教育的内容也在不断深化、灵活地适应受教育者和社会的变化，对大学生进行适应当下社会和时代需求的教育，从而满足在不同社会背景之下的思想政治教育要求。高校教育工作者可以根据大学生的实际需求灵活选择教育内容，通过励志成才这一教育主题，开展不同形式的活动。例如，可以通过开展以励志成才为主题的文体活动、讲座、报告、演讲、网络教育、社会实践、征文比赛及辩论赛等具体活动不断加强思想政治教育的影响力。同时，教育工作者也可以根据大学生的某些特点，灵活地选择单一的形式或几种形式叠加的活动方式，来实现大学生思想政治教育效果的最大化。

第二节　大学生励志成才教育相关理论研究

在我国现阶段经济转型、社会环境转变的大背景下，一些大学生已经开始产生信仰丧失、精神空虚、责任缺失等一系列问题。在学业和就业的压力下，他们逐渐对未来缺乏信心，陷入迷惑、盲从的恶性循环当中。我们必须充分理解党的十九大关于深化教育综合改革的精神，在大学生自我认同和认识方面需要建立一种科学系统的教育体系，对大学生励志成才教育的内容和途径进行全面的研究，从而大引导学生摆脱困境，最终达到励志成才教育的效果。

一、大学生励志成才教育宣讲的主要内容

(一) 激励教育

有了明确的志向，要面对的就是如何激励了。心理学研究发现，一个人如果没有受到激励仅能发挥其能力的 20%～30%，如果受到正确而充分的激励，其能力将发挥 80%～90%。由此可见，激励是非常重要的。一般传统的激励普遍属于外在激励，是通过控制进行激励的，而不是通过唤醒自我和激发自控意识。激励应该是真诚的内在激励，通过对大学生兴趣、爱心和动机等方面的细致观察，发现他们的优点和长处，对他们进行赞美和表扬，鼓励他们发扬长处，引导他们挖

掘优点、发现优点，学会对任何事情都要从积极的方面去思考，把解决大学生感兴趣的实际问题，作为提升学生内动力的重要途径。

(二) 赏识教育

赏识教育是以表扬和赞美为基础，激发被教育者的主观能动性和潜在的巨大能力。通过鼓励和赞扬，肯定其优点，激励其不断追求成功，是教育者与被教育者相互激发与鼓励的过程。赏识教育主要是针对在应试教育制度下，被压抑了学习积极性、创造性，处于极其自卑的学生，从这点上看，赏识教育是对应试教育、抱怨教育乃至惩罚教育的挑战，有其积极的现实意义。要想学会赏识，首先需要发现受教育者的闪光点与实施教育的突破口，创造教育情景，实行赏识教育。

(三) 挫折教育

当前，大学生面临来自社会改革、就业困难、人际交往和感情纠纷等各方面的压力，高校要注重人文关怀和心理疏导，加强挫折教育，积极引导大学生化压力为动力。第一，要积极引导大学生体验生活的意义和快乐。虽然成长过程中会遇到各种问题或难题，但要有一种迎难而上的精神，从挑战和战胜困难的过程中，去感受成长和生活的意义，历炼自己，追求卓越。第二，帮助大学生确定一个有激励性的合适目标。在遭遇挫折之后，有激励性目标的出现，会帮助大学生再次燃起奋斗的火焰。第三，引导大学生要合理安排自己的生活，做到有条不紊，充实而有成效。这样，即使有一些挫折，良好的生活习惯也会很快帮助他们调整好状态而重新开始新的一天。第四，要教会大学生适当运用良好的心理防御机制，如补偿法、情绪宣泄法。在遭遇挫折的时候，用精神胜利的办法安慰自己，适时地进行自我调整。第五，大学生要学会让自己乐观面对生活，通过体验幸福感而驱散挫败感。

(四) 自我暗示教育

如果经常用一种否定的思维模式对待身边的事物，或者否定自己，那么就会影响甚至误导个人的判断和自信，使人对外界事物的认知形成某种心理定势，容易影响行为或效果朝着消极的方面发展。有意识地经常进行肯定自我的练习，选择积极的心态，增强自信，就容易创造一个积极的现实。这就是自我暗示的强大力量。大学生们应该学会自我暗示。当遭遇到不幸或者是挫折时，就通过不断的自我暗示为自己注入能量，帮助自己尽快恢复。

(五) 社会主义核心价值观教育

世界观、人生观和价值观是一个人思想体系建立的开始，也是整个思想体系的起点，是全部思想赖以存在的基础，对每个人来说都至关重要。在励志成才教育的过程中，首先要关注的就是大学生的“三观”教育。在当前形势下，学习和掌握社会主义核心价值观，并深入挖掘和把握其思想内涵，以深入浅出的道理、深入人心的具体实例来引导和教育学生，帮助大学生树立正确的世界观、人生观和价值观，树立远大志向，制定明确目标，勇于成功成才，促进大学生政治立场坚定、奋斗方向明确，为建设有中国特色的社会主义国家而努力奋斗。

二、励志成才教育实施的主要途径

(一) 将励志成才教育融入课程体系中

高校课程体系的建设包括思想理论、制度规范、物质条件、符号载体等内容。从教育文化层面来理解，诸如亚里士多德的“百科全书”课程论、泰勒的“实用主义”课程论和当今的“工具论课程观”“整体论课程观”等思想理论都属于课程文化的核心内容。关于课程体系的建设我国有一整套的规定和制度，比如课程的确定、审查和使用制度、课程的实施与评估制度等。

大学生励志成才教育是大学生思想政治教育培养人才的载体，它必须要通过特有的模式进入大学生的思想，而依靠课程体系建设的基础很好地结合励志成才教育的理论观念，对于现今高校整体教育水平的提升是一个很好的途径。同时，大学生励志成才教育应始终注重人文精神的培养。

(二) 将励志成才教育融入校园文化建设中

校园文化是一种多层面、多形态的文化现象，它根植于社会文化，是社会文化在校园中的折射，也是社会文化的重要组成部分。作为学校教育的重要方式和特殊社会形态，校园文化可被分为校园物质文化、校园精神文化、校园行为文化和校园制度文化几个层面，它可以通过一定的物质环境和精神氛围对人施加影响，从而实现对人的精神、心灵和个性的塑造，达到影响学生的价值观、人生观和理想信念等效果。

大学生励志成才教育也体现了校园文化的思想和精神内涵，相对于普通校园文化建设，它更加具体地表现在高等学校教育当中，从而渗透、融合在高校校园文化当中。因此，我们现在所讨论的校园文化其实是高校校园文化，高校校园文化则是校园文化的一种具体形态，是校园文化在高等学校的表现方式，它是高等学校在长期的教育实践过程中积累的具有高校特点的物质和精神经验的统一。相对于普通学校的校园文化，高校校园文化的层次会高一些。高校校园文化的高层次，主要表现在两方面：一是作为主体的高校教育工作者的文化水平普遍较高，二是创造出来的文化产品层次较高。除此之外，高校校园文化对整个社会的影响也更大，作为知识分子的聚集区，高校校园会不断产生新思想、新理论、新文化，表现出深厚的文化底蕴和文化内涵，这种文化氛围往往会外延到社会当中，从而影响其他社会群体的价值观念、道德观念、思维方式和行为方式。

（三）将励志成才教育融入社会实践中

励志成才教育在确立了社会实践这一载体之时所表现出的目的性是比较合理的。在为大学生建立的需要努力的目标和方向的前提下，融入实践这一有效途径则是必然的选择，在具体实施过程中励志成才教育要把握好有计划、有目的、有选择的这一过程，使大学生更加直接地接触社会、认识社会，将专业知识与实际应用相结合，使实践的整体过程能够保持有序的运行模式。正是通过社会实践这一环节，励志成才教育才能更加有效地引导大学生在充分认知自我的基础上不断探寻个人理想与社会需求的契合点，从而找到实现个人价值和理想的最佳途径。高校教育工作者要意识到社会实践是励志成才教育的重要载体，并加强对实践的指导，确保实践所要达到的效果。此外，我们还需准确、全面地把握现今国际和国内的社会环境，引导大学生充分了解适应社会需求的人才，培养他们能够自觉构建符合自身发展和社会进步所需要的励志成才目标。

第三节　大学生成才的客观条件和主观条件

大学生成才是在一定的系统中进行的，没有客观条件的支撑，大学生的成才与成长便成为空中楼阁。同时，大学生的成才是一项实践活动，更需要作为实践活动主体的大学生发挥主观能动性，规避来自现实条件中的消极影响，并将消极影响转化为积极影响，自觉成才。

一、大学生成才的客观条件

大学生成才的客观条件指的是影响大学生成才过程的一切客观因素的总和。大学生成才的客观条件按照不同的标准可以划分为不同的类型。以内容为标准，可以分为大学生成才的物质条件和精神条件；以空间范围的大小为标准，可以分为大学生成才的宏观条件和微观条件；以构成要素的性质为标准，可以分为大学生成才的自然条件和社会条件；以时间为标准，可以分为大学生成才的历史条件和现实条件；以地域为标准，可以分为大学生成才的国内条件和国际条件。本节主要论述大学生成才的物质条件、精神条件和制度条件。

(一) 大学生成才的物质条件

大学生成才离不开物质条件的支撑。物质条件是大学生成才最基本的、首要的条件，它对大学生的成才有着重要作用。

1. 大学生成才物质条件的概念及分类

大学生成才的物质条件，是指围绕在大学生周围的并影响大学生成才过程的外部物质因素的总和，是大学生成才的物质基础。

大学生成才的物质条件的范围不同决定其内容的不同。其中，大学生成才的宏观物质条件的内容包括大学生所处的自然条件以及社会的政治、经济和文化的发展水平等。大学生成才的微观物质条件则包括学校物质条件、家庭物质条件和社区物质条件。学校物质条件的内容包括学校所处的地理条件、学校的建筑和教学设施、校园的布局结构、校园的绿化与学校的师资力量等。家庭物质条件主要是指家庭的地理位置、居住条件、经济状况和社会地位以及“文化性”消费品占家庭收入比例的情况等。社区物质条件主要是指大学生所处的社区的地理条件、总体经济状况和公共设施等。以时间范围为标准，大学生成才的物质条件可以分为历史物质条件和现实物质条件。这种划分是相对的、动态的。由于时间的一维性，我们是以大学生存在和发展的某一具体时间段为标准，说明在此期间存在的与之相关的各种物质因素的总和。

2. 物质条件对大学生成才的影响

物质条件可以直接满足大学生生存和发展的需要，为大学生成才提供物质保障。物质条件对大学生的成才活动既有直接影响，又有间接影响，具体来说主要表现在以下几方面。

(1) 物质条件影响大学生成才的数量和质量。物质条件不仅为大学生的生理和智力素质的优化提供良好的物质基础，而且也影响大学生成才的数量和质量。社会生产力的发展不仅对大学生提出成才的需要，同时对成才的数量和质量提出了更高的要求，要求大学生的实践活动的广度、深度不断扩大和拓宽，从而推动大学生总体成才的数量增长和质量的提高。这种现实需要不仅为大学生成才的数量提供参考，而且也在客观上对大学生成才的质量提出更高的要求，因为未来社会的竞争将更加激烈，大学生若要成为现实需要人才数量中的一分子，就要自觉提高自身的“质量”，才能在竞争中脱颖而出。

(2) 物质条件影响大学生成才的类型。从大学生成才的自然条件来看，人才的类型主要是由社会实践的领域决定的，不同的领域产生相应的人才，而自然条件是制约社会实践领域的重要因素，它不仅为个体的社会实践提供具体的活动场所，而且为个体提供社会实践的特定对象，从而在具体的实践领域中产生相应的人才类型。比如，土地肥沃、气候温和的地区就极易产生农业人才；矿产资源丰富的地区容易产生工业人才。从大学生成才的社会物质条件来看，经济的发展与人才的发展有着高度的密切相关性。现代经济的发展需要三种人才：一是有文化、懂技术、业务熟练的劳动者；二是具有现代科学技术和经营管理知识的管理人才；三是能够适应现代科学文化发展和新技术革命要求的科技工作者、教育文化工作者以及其他各条战线的高级专业人员。这些对大学生成才提出了更高的要求。

(3) 物质条件影响大学生个体的生理素质和智力素质发展。物质条件影响大学生生理素质。第一，物质条件中的自然介质影响大学生生理素质。自然介质是大学生个体生理素质形成的物质和能量的基础，自然介质中的气候、气温和地理位置等因素影响人的形态特征和生理机能。自然介质主要是通过促进人体骨骼生长的常量元素和微量元素，如钙、磷、铁、铅以及阳光的辐射和气候、气温来对人的形态和生理素质施加影响。例如，从人的寿命来看，生活在寒带地区的人平均寿命长于生活在炎热气候条件中的人，这是因为寒冷的气候条件能使人体细胞的新陈代谢放慢，从而推迟衰老过程，有利于长寿；生活在炎热气候条件的人身体的发育则刚刚相反，因此人均寿命低于寒带地区的人。第二，物质条件中的自然资源影响大学生生理素质。物质条件中蕴涵着丰富的自然资源，人们可以直接从自然界获取或者稍加开发即可用来满足个体生理发育的需要，如淡水、耕地、森林、各种动植物等。尤其是在生产力不发达时，人们所处的条件中自然资源的状况直接关系到人们的生理素质水平。如果某一地区地面资源多，气候温和，物产丰富，生活在其中的人由于能获得充足的生活资料，体质普遍较好；反之，耕地缺乏或者贫瘠，淡水资源少，气候条件恶劣，物质条件能提供给人的自然资源有限，人们的生理素质则较弱。随着人类实践活动范围和程度的拓展，自然资源的直接影响力减弱。

物质条件影响大学生个体的智力素质。智力素质的高低对大学生成才起着关键作用。物质条件不仅可以促使大学生智力素质的形成，而且还可以促进大学生智力素质的进一步发展。第一，物质条件为大学生个体智力素质的形成提供必要的营养成分。物质条件为大脑提供营养的丰富程度将对大学生个体的智力发育和发挥程度产生重要影响，物质条件为大脑提供的营养越丰富就越有利于大学生智力的发育和发挥。反之，则阻碍大学生智力的发挥。第二，物质条件可以促进大学生智力素质的进一步发展。现代科学证明，大脑的发育完成后，脑和神经系统的发展遵循“用进废退”的生物规律。大学生要多用脑、勤学习，努力发展脑的功能，就可以增长智慧，延缓脑的衰老。而物质条件可以为大学生的智力发展提供物质支撑和信息。

(二) 大学生成才的精神条件

大学生成才的物质条件为大学生成才提供物质基础，而精神条件则为大学生成才提供精神动力和智力支持。精神条件对大学生的成才至关重要。

1. 大学生成才精神条件的概念及分类

大学生成才的精神条件，是指围绕在大学生周围的并影响大学生成才过程的外部精神因素的总和。

以时间为标准，大学生成才的精神条件可以分为历史精神条件和现实精神条件。之所以做这样的划分，是基于条件的历史继承性，比如社会思潮、民族文化心理、社会习俗、伦理道德等几十年甚至几千年历史积淀的结果，这些因素对大学生的成才有着不可忽视的影响。

以空间范围为标准，大学生成才的精神条件可以分为宏观精神条件和微观精神条件。宏观精神条件主要指的是社会精神条件，其中包括社会思潮、社会风尚、社会心理、社会风气、社会舆论和社会的风俗习惯等。微观精神条件又包括校园精神条件和家庭精神条件。校园精神条件主要指学校的传统、校风及共同享有的校园精神价值观念、道德规范、文化传统和文化意识、校园思维、文化氛围及校园文明。校园精神条件，是由一所学校的全体教师、学生共同创建的，是他们精神、文化、作风的积淀，它对学生思想、学识起着潜移默化的引导作用。家庭精神条件以家风、家庭关系和家庭文化为主要内容。家庭精神条件不仅是不同社会关系和社会角色的缩影，而且折射出家庭成员的品行和文化素养等，成为大学生成才的重要制约因素。

以地域为标准，大学生成才的精神条件又可以分为国际精神条件和国内精神条件。大学生成才的国际精神条件是指一国之外的各种精神因素的总和。国际精神条件对大学生成才的影响不容忽视，在经济全球化的背景下，文化软实力显得日益重要，各种思潮、意识形态的相互碰撞，对大学生的成才产生重要影响。大学生成才的国内条件主要是一国之内各种精神因素的总和，在我国精神条件也会因区域不同而不同。

2. 精神条件对大学生成才的影响

精神条件对大学生成才的影响是潜移默化的，以“看不见的手”的方式对大学生产生影响。

(1) 精神条件影响大学生的文化认知。文化认知是大学生成才所必须具备的能力。文化因素在大学生成才的精神条件中占很大比例，精神条件中渗透着历史传统文化、现代社会文明和民族优秀文化的精髓，大学生无时无刻不在感受着精神条件的文化熏陶。精神条件对于大学生了解历史、了解社会、了解国情，继承和弘扬中华民族的优秀文化传统和勤劳勇敢善良的美德，认清世界局势和国际关系的风云变幻，具有重要作用。尤其是精神条件中占主导地位的因素对大学生的文化认知影响最为重要。

(2) 精神条件影响大学生的价值选择。虽然精神条件的因素是广泛的，多层次的，但精神条件是有其主导性因素的。从社会的角度来说，每个社会都有其主导的价值观。一个社会的核心价值观，反映社会意识的本质，决定社会意识的性质，涵盖社会发展的指导思想、意识形态、价值取向，影响人们的思想观念、思维方式、行为规范，是引领社会前进的精神旗帜，会影响大学生的价值选择。现阶段，社会主义核心价值体系是引领人们的思想行为、社会精神风尚和发展方向的灵魂，是关系社会稳定与国家兴旺的决定性因素。社会主义核心价值体系为大学生成才提供正确的价值导向——要成为什么样的人才，即有正确的理想信念、爱国家、爱民族、有创新能力的人才。在改革开放后，在农业社会向工业社会转变、乡村社会向城市社会转变、礼俗社会向法理社会转变的背景下，当代大学生的价值选择就有了新变化。与之前的大学生价值选择不同，当代大学生不仅注重理想，而且更强调理想实现的现实性；他们不仅注重义务，而且更强调利益，他们不仅注重集体，而且更强调个体。

从学校角度来说，每所高校都有不同的大学精神和大学理念，大学精神和理念会对大学生产生熏陶作用，形成一定的精神特质。校园精神条件对大学生有着约束作用，它通过无形的“软”约束把校园文化中的价值观念和行为模式输送给大学生，并使其践行，把具体的奋斗目标和行为准则等内化为大学生的精神支撑和精神动力。

(3) 精神条件影响大学生的社会化。所谓的社会化是指在特定的社会与文化条件中，个体形成适应于该社会与文化的人格，掌握该社会公认的行为方式，成为社会合格成员的过程。

大学生的成才过程与社会化的过程是同时进行的。大学生处在社会化的重要时期，是世界观、人生观和价值观形成的重要阶段，也是专业理论形成的最后阶段。作为生活在精神条件中的大学生个体，精神条件所蕴涵的文化因素为其提供特定的文化规范，使其掌握社会规定的技能、信仰和价值观念。大学生从精神条件中获得进入社会的风俗习惯和思维方式，从而把社会的东西变成自身的组成部分，并把自己变为社会中的一分子，从而实现社会个体化和个体社会化。大学生在精神条件中的社会化过程中，还要对精神条件所提供的价值观念和行为模式进行选择和反思，之后调节自己的行为标准，主动参与到精神条件中文化因素的创造。

(三) 大学生成才的制度条件

如果说物质条件是空气中的氧气，精神条件是阳光，那么制度条件就是臭氧层。离开氧气，大学生就会窒息，离开阳光大学生就无法健康成长，而臭氧层就像一个屏障能够减少消极因素对大学生成才的干扰。

1．大学生成才制度条件的概念及分类

大学生成才的制度条件，是指围绕在大学生周围的并影响大学生成才过程的各类制度因素的总和。制度条件为大学生成才提供制度性的保障。制度是指直接通过影响人们的价值取向而间接地规制或约束人们行为的社会交往规则。

大学生成才的制度条件主要包括宏观上的社会制度条件和微观上的校园制度条件。影响大学生成才的社会制度条件主要包括社会的政治制度、国家助学贷款制度和相关配套政策、教育制度等。校园制度条件的内容主要包括高校的各种规章制度、公约守则、校纪校规、行为规范以及集会庆典等集体组织的文约式活动，如校训、学生守则、教学管理制度和文明行为准则等。制度文化是高校校园文化各组成部分的连接点，是维系高校正常秩序和校园文化整体发展的保障系统，是由高校校园文化精神、价值信念凝结而成，并以文字为载体，通过一定程序的组织活动显现于外的。

2．制度条件对大学生成才的影响

(1) 制度条件激励大学生成才。

1) 民主的社会制度有利于社会生产力的发展，从而推动社会经济发展，经济的发展可以为大学生成才提供更优越的物质条件，当然就可以促进大学生的成才。科学技术的发展，新发明新创造的出现也离不开良好制度的保障。科学的教育制度可以保障大学生受教育的权利，良好的文化制度可以保障大学生受到健康文化的熏陶。反之，不开明的制度条件缺乏民主、自由的氛围，就会摧残和压制人才，对大学生成才有阻碍作用。

2) 校园制度条件也对大学生有激励作用。比如学校关于评优的细则和规定，这些制度性的激励因素引导大学生在其规定的范围内学习、生活，以规范性行为取得期望目标。再比如，高校的助学制度，不仅为家庭贫困的大学生成才提供制度保障，而且激励着大学生成才。

(2) 制度条件规范大学生成才。制度条件可以规范大学生的行为。大学生总

是生活在制度中的，制度构成其生活条件，通过制度所内涵的伦理精神对大学生的活动进行价值引导。结构合理的社会制度内涵着一个时代积极的伦理精神，那么，它不仅通过规范公开昭示某种伦理要求，而且通过组织形式、运作程序以及基本的权利、义务安排等方式来默示某种价值准则，给社会成员展示一条基本的行为之“道”，使人们因受此“道”潜移默化的影响而有所“得”，从而形成符合制度要求并有助于大学生成才所需要的德行。同时，校园制度条件也规范着大学生的行为和价值选择，对学校师生的各种行为起规范和指引作用。无规矩不成方圆，生活在校园中的大学生必须遵守学校的各种规章制度，学生有权利不参加评优，但在学校中学生行为的下限就是不能违反校规校纪，只有这样校园生活才会有秩序，才有利于大学生的学习和进取。同时学校的培养目标指明高校要培养什么样的人才，这就为大学生成才指明方向，并较好地规范了大学生的成才。

二、大学生成才的主观条件

大学生的成长和成才离不开客观条件，但大学生个体并不是消极被动地适应条件，而是通过实践活动反作用于客观条件，体现出人的主体性。客观条件是大学生成才的外因，而大学生自身的主观条件则是其成才的内因。大学生成才的内外因是互为条件、对立统一的。其中，客观条件是大学生成才的必要条件，而其主观条件则是大学生成才的根据。主观条件与客观条件统一于大学生的成才过程之中。在大学生成才的主观条件中，其作用主要是成才目标、成才动力、成才规范，我们可以从大学生成才主观条件的作用的角度来分析大学生成才的主观条件。

（一）成才目标与大学生的“三观”

世界观、人生观和价值观是人对世界、人生和社会生活的总体看法和基本评价，是人的精神世界的主体内容，是人们对于其他方面观点和态度的基础。大学生正处于青年时期，是播种理想、确立信念的黄金时期，是规划未来、设计人生的关键阶段。确立怎样的“三观”，直接关系着青年大学生在人生的意义与价值上的取向，从根本上影响着大学生的成才过程。因此大学生的世界观、人生观和价值观在其成才目标的确立过程中有着重要作用。

1．正确的“三观”保证大学生成才目标的正确方向

随着国际国内形势的深刻变化，我国改革开放的不断扩大，社会主义市场经济的深入发展，利益关系和分配方式日益多样化，这种多样化必然反映到青年大学生的头脑中，不可避免地引起思想意识的相应变化，也使他们的思想活动具有更多的独立性、选择性、多变性和差异性，社会意识形态呈现出多样化的特点。

面对多样性的社会影响，只有树立正确的“三观”，大学生才能找到安身立命之所，形成自己的精神支柱和主心骨。有了正确的“三观”就会有正确的价值导向，大学生就可以认识到自己的成才与社会主义事业的发展是统一的，能够自觉把为祖国的发展、为人民利益服务作为自己成才所追求的目标，自觉以社会主义建设所需要的人才标准来要求、规范自己的行为。

2. 正确的“三观”为大学生成才目标的确立提供精神支柱

大学生在成才的过程中，不仅需要物质生活的满足，而且追求精神生活的充实。精神生活的满足是人自身发展和全面进步的更高目标。随着经济的发展和社会的进步，精神需要的满足日益成为人的基本生活需要之一。一个社会若要全面科学地发展，不仅要有物质财富的积累，也要有精神财富的积累。一个没有精神支柱的民族是没有前途的，也是无法屹立在世界先进民族之林的。同样，青年大学生想成为真正的人才，也要有精神支柱、精神信仰、精神动力。正确的理想信念可以满足大学生这一需求。而在“三观”之中，理想信念是世界观、人生观、价值观的内在要求和精髓。因为，理想是世界观的基础和核心，理想和信念又是人生观和价值观的组成部分。所以，理想信念是“三观”的集中体现。崇高的理想信念可以为大学生树立成才目标提供精神支柱。

崇高的理想信念会激发人们的热情，振奋人们的精神，鼓舞人们的斗志，帮助人们形成美好的道德情操。古今中外，凡是有成就的人，为国家和民族做出贡献的人，无不为自己的理想信念所驱使。同样，大学生有了崇高的理想信念，也会坚定自己成才的信心，增强面对成才过程中困难的斗志。

（二）成才动力与大学生创新意识、兴趣

1. 成才动力与大学生创新意识

当今社会，人类已经进入了知识经济的时代。所谓知识经济，指的是以智力资源和创造力资源的占有、配置，知识的生产、使用为重要标志的经济。当前，知识经济在国际经济中已经占据了主导地位，其核心是知识的创新、开发、传播和运用。需要注意的是，知识经济的发展最终需要依靠的还是人类在科技、知识等方面的不断创新和发展。因此，可以说，当前国际的竞争，实际上就是各种创新人才间的竞争。“创新是一个民族进步的灵魂，是国家兴旺发达的不竭动力。”同样，创新意识也为大学生成才提供巨大的动力。

所谓的创新意识是一种积极的意识状态，即是推崇创新、追求创新和以创新为荣的观念和意识。它反映了学生对创新的认识水平和自觉主动水平，是大学生进行创造活动的出发点、内在驱动力和前提。创造意识是大学生成才的催化剂，

使大学生学会创新，敢于创造。一个人要成为人才，是通过创造性劳动，取得创造性成果而被确认的。

创造性成果不仅将人才与非人才区分开来，而且创造性成果的大小，还决定着人才层次的高低。在大学生能力素质结构中，创造能力是核心，是智力效能的最高表现，是认识和实践的高度综合。大学生只有具备创造意识，才能使其创造个性得以充分发展。在大学生成才的过程中，创造意识起到了催化剂的作用，使大学生在现有素质的基础上勇于突破，敢于实践，将自己所积累的知识和素质付诸实践，使大学生实现由潜人才向显人才的转变。

2. 成才动力与大学生兴趣

大学生最终能否成才，其中的一个重要因素是他们的兴趣所在。所谓的兴趣指的是个体力求认识某种事物或爱好某项活动的心理倾向，它表现为个体对某种事物或从事某种活动的选择性态度和积极的情绪反应。兴趣的发展一般经历有趣、乐趣到志趣的过程。在大学生的学习过程中，兴趣充当着最好的老师，其产生与大脑皮层的兴奋中心有关。当人在进行某项有兴趣的活动时，人脑对周围事物的感知会变得极为敏锐、迅速和牢固。在这种兴趣控制下的大脑活动，会产生很强的兴奋感，会迫使人们主动地寻求认识某些事物的方法和手段，能积极地有创造性地去完成某些活动。同时，兴趣比较广泛的学生，眼界就比较开阔，思路就比较活跃，容易从其他方面得到启示，从而促进大学生成才。兴趣可以为大学生学习提供强大的动力。

(1) 兴趣可以提高大学生学习效率。大学生在学习的过程中不可避免地要遭遇困难和挫折，但是，在这些消极情境面前，大学生如果对这个领域很感兴趣，那么他就会自动调节客观的消极情境为主观的积极情境。如果一个人心甘情愿去做自己喜欢做的事情，那么枯燥的活动也会变得丰富多彩，甚至可以得到一种常人体验不到的快乐。只要对某个事物产生了浓厚的兴趣，不管遇到什么样的困难，都可以锲而不舍地争取最后的成功。

(2) 兴趣推动大学生丰富知识、开阔视野。大学生兴趣的广阔性，是社会发展的必然结果，同时也是其自身发展阶段的需要。在大学阶段，大学生精力比较充沛，他们对社会的很多方面都充满了新奇，什么都想学，什么都想弄明白，他们的兴趣也因此会得到进一步发展。大学生不再仅仅限于对具体的事物感兴趣，或是对学习的科目感兴趣，而且开始对国际国内形势、国家政策、社会现状和文化生活中的新鲜事物产生兴趣，表现出强烈的求知欲和认知兴趣。大学生兴趣范围的不断扩大，就可以促使他们获得更多方面的信息和技巧，从而使知识更加丰富、视野更加开阔。丰富的知识、开阔的视野则是大学生成才不可或缺的条件。

(三) 成才规范与大学生的道德情操

车尔尼雪夫斯基曾经说，要使人成为真正有教养的人，必须具备三个品质：渊博的知识、思维的习惯和高尚的情操。知识不多，就是愚昧；不习惯思维，就是粗鲁和蠢笨；没有高尚的情操，就是卑俗。

情操是指以人的社会需要为中介、以某种思想和社会价值观念为中心的高级情感。情操是一种复杂心理成分的综合体，主要是由情绪、情感和思想观念等组合而成。据一定的标准，情操可分为道德的、审美的和理智的三种。在人们的精神生活中，高尚的道德情操在其中占据着重要地位，无论对调整人的行为还是对人的行动进行指导都发挥着重要作用。道德情操对大学生成才具有明确的规范作用。

1. 良好的道德情操可以规范大学生行为

高尚的道德情操是社会人必不可少的素质。道德情操更多的是通过自律的形式来规范大学生的行为。外在的道德规范只有在为大学生诚心诚意地接受并转化为自身的情感、意志和信念时，才能发挥其作用。道德本身就是调节个人与社会或者人与人之间的关系的行为规范的总和。大学生在成才过程中，与个人、集体、社会都有着种种联系，良好的道德情操有助于大学生理顺成才过程中的各种利害关系。拥有高尚的道德情操，大学生可以正确对待成才过程中的荣辱、成败和得失等。在大学生成才的过程中，当个人利益与国家利益、集体利益发生冲突时，其自身的道德情操可以引导他们以个人利益服从国家和集体的利益，舍小家顾全大家，从而避免冲突。在这个因处理利益冲突而作出选择的过程中，大学生可以认识到国家利益、集体利益的重要性，从而引发为祖国、为人民谋福利的豪情，树立崇高的理想信念——为实现共产主义而奋斗。

2. 高尚的道德情操促进大学生其他素质的形成

高尚的道德情操有助于良好的道德素质的养成，一个人具备高尚的道德情操，那么他就拥有较高的道德素质。道德素质是人的素质全面发展的一个重要方面，在人的其他素质的形成和发展中起着重要的作用。在大学生成才的过程中，道德素质是大学生成才必不可少的基本素质之一，它会促使学生培养出其他优秀的素质和能力。例如，如果大学生拥有良好的道德素质，那么智力或是智能等方面也会获得较好的发展。在当前激烈的社会竞争环境中，如果大学生没有良好的道德素质，并且缺乏对学习、未来事业的高尚追求，那么其所具备的才能就很难发挥，最终也不会成为国家建设所需要的人才。大学生所具备的良好道德素质，能够激发起其他素质的培养，其原因在于良好的道德素质可以激发起学生的积极主动性和创造性，有利于自身才能的深入挖掘，从而实现大学生的全面发展。

第四节　大学生励志成才的创新方法

大学生励志成才教育是高校思想政治的载体之一，它以马克思主义为指导原则，凸显以人为本的教育理念，以大学生实现自我教育为目标，在实践的基础上不断探索和创新，从而实现高等教育的改革和创新。在具体实践过程中它可以表现为多种形式。

一、加强课程体系建设，推进励志成才教育

在课程体系建设过程中，适当地关注人文课程设置的引领作用并灵活运用尤为重要，因为人文课程是“引导学生个体做人、成人、人化的课程，是使人高大的课程，是引导学生走向真善美的美好人生课程，是避免人异化的课程，是阻挡人走向假、恶、丑的课程；人文课程也是促使科学创造造福于人的课程，是促使社会向更能维护人的尊严、自由和幸福的课程”。我们知道，所谓课程就是将教学内容按一定程序组织起来的一个系统，是为了实现人才培养目标而规定的教学科目及其目的、内容、范围、进程和评价的总和。现今对高校课程建设体系的革新，教育工作者首先要考虑从我国的国情出发，立足本国课程建设的现状，总结一定的经验或教训，而后就是要打破经验主义的理念和地域差异的束缚，多角度、多方面有选择地借鉴国外课程建设的新思想、新方法，从而汲取所需的关键因素和“养分”。在具体的课程体系建设时应该从以下几个问题来考虑。

（一）重视课程体系建设的结构，认识教育目标的全面性和统一性

大学生励志成才教育的目标是全面的，并且各个方面也是有机融合统一的，在高校课程体系建设中要充分理解和吸收这种完整的思想。然而，现今高校在具体课程设置时存在一些问题：一是前沿性的课程还是不够，使大学生无法全面和及时地了解本学科的最新发展；二是综合型课程少，在高度分化的基础上高度综合是现代科技发展的主要趋势之一，从某种意义上讲，“综合即创造”是有一定道理的，如果这方面缺失则会导致学生知识结构的片面化；三是对非文科专业的人文课程不够重视，人文科学首先就是要培养学生学会与人、社会、自然打交道，无论培养任何专业型人才都不可能脱离社会现实这个大环境，这些非智力因素会影响学生能否适应社会现实的能力。因此，现今高等校必须要注重提高教师素质，

优化课程结构体系，从而更好地实现教育效果的全面和深入。

(二) 把握人的全面发展主导思想，重视培养目标的现实性和发展性

古今中外许多思想家和教育家都提出了关于人的发展和教育的各种学说，而马克思主义关于人的全面发展的理论，一直以来深刻影响着我国的教育，成为指导社会主义教育事业的理论基础。但是在实施中往往对静态的“发展”强调很多，对创造能力和主动意识等方面不太注重，尤其是“个性教育”的发展在一段时期内被视为资产阶级的腐朽思想而与全面发展的理论对立起来。在高校课程建设过程中，这些现象表现突出，在教学内容和学习科目的设置上则表现出类似于“统一生产线”的模式，严重地阻碍大学生独立思想的形成和创造能力的发挥。这在一定程度上也说明了对培养目标——大学生的特点并没有深入研究和完全把握。因此在高校课程建设时，要明确培养目标和教育现实，着眼于大学生的生理及心理的全面发展，在课程体系建设时运用循序渐进的原则，理解和融入励志成才教育的理论思想，确立个性发展与人的全面发展，才能深化和改进课程体系建设的革新。

(三) 完善课程评价体系，深化教育目标的针对性和适应性

大学生励志成才教育的目标是很具体的，具有可操作性、可评价性，既能保持与大学生的发展基础相适应，又能使上下级各目标之间相适应，保持一致的统一。从课程体系建设来说，理解和贯通励志成才教育目标的这种特点可以在评价体系的构成中来完成。目前的课程评价体系在指标体系的科学性和执行方式上还是有许多可以改进的地方，与普通的产品生产过程不同，课程建设和教学过程不宜用简单的方式加以度量。如果在评价过程中掺杂了一些本应避免的领导意志、个人好恶等人为因素，这就会使整体评价活动会失去平衡。因此，建立科学、完整的课程评价体系及实施程序可以巩固整个课程体系建设。

二、加强校园文化建设，促进励志成才教育

大学生励志成才教育也体现了校园文化的思想和精神内涵，相对于普通校园文化建设，它更加具体地表现在高等学校教育当中，从而渗透、融合在高校校园文化当中。当今的校园文化建设要本着加强和谐校园文化建设、培育文化氛围、营造高层次人文素质教育环境等重点内容着手，在具体实施过程中，应该从校园物质文化建设和精神文化建设两方面进行。

(一) 校园物质文化建设

校园物质文化是校园文化的外在表现形式，是校园文化建设的物质基础和前提，在其基础之上才能体现出校园的整体精神风貌和特色。校园物质文化通常是由学校各内种物质环境和设施共同组成的，主要包括校园内的建筑布局、绿化卫生和各种人文景观等。一般来说，在校园外在建设过程中，都需要注入励志成才教育中的人文精神，这不仅对于增强大学生凝聚力、竞争力、意志力和塑造人文精神起着非常重要的作用，同时还可以体现出整个高校师生良好的精神风貌和高尚的价值观念，体现出校园本身所蕴含的文化底蕴，为人才的培养提供一个积极、健康的文化氛围。

(二) 校园精神文化建设

校园精神文化建设是校园文化建设的核心内容，其精神文化可以体现在校风、教风和学风等多个方面，无论是对学生还是对教师的行为和理想等方面都有着重要的影响。大学生励志成才教育中包含着浓厚的人文精神，在校园精神文化建设中可以从以下几方面着手。

(1) 形成浓厚的学术研究氛围，通过人文或专业的学术讲座、报告、演讲、研讨会和论文大赛、知识竞赛等途径，培养大学生形成良好的学术思维和求知欲，还要注意灌输兼容并包的思想原则，在校园中主张自由的、宽容的、兼收并蓄的人文精神和态度。

(2) 形成浓厚的文化氛围，通过各类学术社团活动普及校园文化精神。如举办与励志成才教育相关的文艺演出、朗诵、歌咏、演讲、艺术节、摄影、书法及体育等活动，从而使大学生在人格塑造、行为模式、道德素质等方面得到升华。

(3) 构建良好的校风，校风是一种独特的心理环境，也被称为校园精神，集中体现了高校的精神风貌，高校应结合自己的历史、地理和专业性等特点，注重学生自身发展的规律，营造一种高尚的具有人文精神的校园文化，以及有自身特色的良好校风。还应注意合理开发各种文化资源，将其转变为校园自身的特质，形成特有的校园精神氛围，凝聚大学生对学校的归属感和认同感，使其成为一种良性的心理制约作用，激发大学生的内在动力。

三、依托社会实践载体，提升励志成才教育质量

社会实践作为大学生励志成才教育的有效途径和重要载体，起到沟通大学与社会、教师与学生、理论与实践的作用，有利于培养大学生的实践能力、创新精神和团队精神，使他们能更好地融入未来的社会实践。当今各高校都十分

重视社会实践载体的建设与创新，它属于高校教育一部分，为了使社会实践载体能有效运行，必须强调大学生的生活经验的重要性，这也是一个最基本的前提条件。现今我国高校大学生的生活经验很少，这必然导致学生日常生活的能力、人际关系交往能力、自理能力、自主能力过弱；而事实上，学生的受教育资源十分丰富，他们能获得的知识极为多样，而且很多知识往往来自于校外或课本之外。因此，深入研究社会实践载体，对于提高大学生的适应能力和高校素质教育、思想政治教育具有深远的影响。励志成才教育的有效实施从根本上讲取决于它在社会实践这个载体上是如何顺利运行的，因此应从以下几方面来理解社会实践的创新方法。

(1) 从社会实践载体的建设路径上讲，社会实践载体包括大学校园和就业实习基地等内容。第一，对于大学校园来说，其本身就是一种特殊的社会形态，大学生在校园中，可以参加社团管理、勤工助学、文体艺术等形式的社会实践活动，适合学生的发展，有利于提高学生的管理和适应能力，为其迈出校园打下坚实的基础。第二，以教育就业实习基地为载体的社会实践是在学校与专业性的社会组织(政府、企业等组织)签定实训实习合约，在建立教育就业实习就业基地的基础上，在学校有组织的安排下的社会实践，大学生定期到就业实习基地进行学习和实践，有利于提高大学生的专业操作能力和社会适应能力。

(2) 社会实践载体应具有一定的创新性，从这个方面来说，社会实践载体指的就是，在社会实践的过程中，能够承载和传递社会实践的内容和信息，能为社会实践的推进所运用，促进实践主客体之间相互作用的活动形式和物质实体。在社会实践载体的创新方面应注意以下几个问题。

1) 当今大学生的理论知识和操作能力与社会生活缺乏一定的联系，在发展社会实践的内容过程中，要考虑不同层次、不同特点学生的需求以及就业市场的需求。一方面要保持社会实践活动的连贯性，避免单一的活动内容和形式，使学生真正提升实践过程中的效率；另一方面，要形成社会实践效果的系统性，例如经常开展与学生就业、实习相关的实践活动，提高学生的应变能力和适应能力，深化实践课题或项目的研究成果，提高大学生的创新思维和专业素养。

2) 开展社会实践活动要与社会发展需求相一致，体现时代的特点。如以“三下乡”、“三个代表”重要思想、“构建和谐社会”、“中国梦”等为主题的活动，都体现了不同时期社会需求和思想教育的主旋律。因此，要符合当前时代的要求一定要进行积极正面的宣传，不断开发贴近生活、针对性强、实效性强的实践项目课题，才能把握大学生和社会的脉络。

3) 努力提升社会实践的整体水平，积极开创前提条件，使高校与地方保持紧密的沟通与联系，建立一种稳固、便捷、简单的协作关系。这样既有利于发掘地方教育资源，增强社会实践的内容丰富性和方式的实效性，又有利于拓宽高校与地方合作的范围，达到双赢的合作目的。

励志成才教育在确立了社会实践这一载体之时所表现出的目的性是比较合理的。在为大学生建立的需要努力的目标和方向的前提下，融入实践这一有效途径则是必然的选择，在具体实施过程中励志成才教育当然要把握有计划、有目的、有选择的这一过程，使大学生更加直接地接触社会、认识社会，将专业知识与实际应用相结合，使实践的整体过程能够保持有序的运行模式。正是通过社会实践这一环节，励志成才教育才能更加有效地引导大学生在充分认知自我的基础上不断探寻个人理想与社会需求的契合点，从而找到实现个人价值和理想的最佳途径。作为高校教育工作者要意识到社会实践作为励志成才教育的重要载体，要加强对它的指导，确保实践所要达到的效果。此外，我们还需准确、全面地把握现今国际和国内的社会环境，引导大学生充分了解适应社会需求的人才培养思想，培养他们能够自觉构建符合自身发展和社会进步所需要的励志成才目标。

大学生励志成才教育在当今高等教育中正处在不断探索和发展的阶段，作为高等教育工作者在思想政治教育工作方面当然需要重点关注和理解。在大学生思想政治教育工作理论的实践途径中深刻探究和实践励志成才教育，正是坚决执行党的十九大报告提出的文化强国方针政策，提升和改善教育质量，促进思想政治教育创新发展的有效手段。同时，将深化教育改革创新目标作为努力方向，在高等教育，尤其是大学生思想政治教育的理论基础之上不断研究和探索新的教育方式和途径，是贯彻党的“坚持教育为社会主义现代化建设服务、为人民服务，把立德树人作为教育的根本任务，培育德智体美全面发展的社会主义建设者和接班人”这一基本要求。在此前提下，高校教育工作者更要结合各种专业理论知识，如教育学、心理学、哲学等理论基础，直接或间接影响大学生思想政治教育的有效性及相关因素的分析研究，从而在大学生思想政治教育实践活动的过程中产生积极的引导和控制效应。

在真正把握“以人为本”教育的核心内容基础上，对大学生励志成才教育进行揭示和研究也是保证中国特色社会主义事业全面发展的根本任务之一。随着我国高等教育改革和国际化进程的不断发展，有效融合大学生思想政治教育、大学文化素质教育、中国传统文化教育和“中国梦”教育等理论体系，努力建立科学化、系统化、专业化的创新研究方式，对大学生励志成才教育展开细致、深入的研究以及培养适应社会需求的合格人才，是符合当今高等教育的最终目的。同时，我们也要清醒地认识到励志成才教育始终是建立在人的基础之上，是以解决大学生思想和精神为本质的一种实践性的社会活动，必须善于运用合理的、科学的三观方法论教育，提高大学生的认识能力和解决实际问题的能力。

其最根本、有效的方法就是要以正确的社会主导思想为大学生树立积极的、崇高的精神追求目标，努力塑造和启发大学生不断提高思想道德和科学文化素质，加强他们的自我认识，培养他们的主动性、积极性和创造性，从而使其更好地适应社会需求，从而促进我国社会、经济、文化、科技等方面的不断创新、改革和长久的发展。

第八章　大学生幸福观教育

党的十八届三中全会着重指出，要实现中华民族伟大复兴的“中国梦”，必须全面深化“以促进社会公平正义、增进人民福祉为出发点和落脚点”的改革。“中国梦”的实现，以国家富强、民族振兴、人民幸福为目标。从根本上来看，人民幸福就是全面深化改革的出发点，人民福祉是“中国梦”实现的落脚点。大学生马克思主义幸福观教育对于深化建设中国特色社会主义理论体系有推动作用，同时有利于推进马克思主义中国化理论成果的大众化传播，对于大学生来说也有利于他们领悟关于幸福的理论，提高创造幸福的能力和行动自觉，进而促进大学生的幸福成长。

第一节　马克思主义幸福观的理论内涵

任何一种理论都不是横空出世的，马克思主义幸福观也是如此，它是在对传统哲学的批判中得到形成发展和确立的，马克思主义幸福观的思想背景和现实生活根基都非常深厚，经过后世不断的实践，马克思主义幸福观理论有着丰富的内容和实践成果。

一、幸福观的基本概念

所谓幸福观，就是人们对于幸福的本质理解，简单来说，就是关于“幸福是什么”。由于幸福观是对幸福本质的把握，而关于本质的把握只能是通过理性抽象的方式来进行。因此，幸福观不是感性的、具体的，它不能被直接呈现出来或被描述出来，所以，幸福观是不能被量化的，也不能通过实验等方式来进行实证检验。在古代，由于科学不发达，幸福观的形成只能通过解释的方式来进行，即理性的抽象，这种超越直接呈现的经验事实进而形成对幸福的理解和把握，如传统上的哲学和伦理学。但是，这种解释也是在最基本的经验和事实的基础之上的，而对幸福的解释则不能单纯依靠经验或停留在经验之上。

二、马克思主义幸福观的主要内涵

（一）物质生活与精神生活的和谐统一

传统幸福观认为，人的物质生活和精神生活是对立的，而马克思主义幸福观则超越了这种两极对立的理解，将幸福理解为对实践活动的把握，这不仅赋予了幸福客观的经验性，而且赋予了幸福内在的超越性。也就是说，马克思主义幸福观是物质生活和精神生活两者相统一的幸福观，它解决了物质生活和精神生活两者的关系，使幸福具有了丰富的内涵。

马克思主义幸福观以物质性的生存实践活动为现实基础，以精神生活的发展为幸福的内在超越。恩格斯从需要的层面指出了人的生活应当具有丰富性、多样性和整体性三个特点，恩格斯指出："他需要和外部世界来往，需要满足这种欲望的手段：食物、异性、书籍、谈话、辩论、活动、消费品和操作对象。"这里的多样性需求，既是幸福的应有内容，也是幸福实现的必要条件。人只有在实践中，才能达到物质需要和精神需要的满足。

(二) 劳动是创造幸福和体验幸福的前提

马克思主义幸福观以人的生活实践为基础，因此，马克思主义推崇生产劳动。人类进入现代社会以来，劳动的社会地位不断上升，成为现代人最基本的存在方式，以此为基础，形成了"普遍的社会物质交往，全面的关系，多方面的需求以及全面的能力体系"。马克思对此进行了高度的肯定和赞扬，认为这是人类发展的历史性进步。马克思主义幸福观认为幸福是创造和享受两者的和谐统一，这种统一以生产劳动为基础。在共产主义条件下，劳动是每个人发展的条件，劳动"给每一个人提供全面发展和表现自己全部的即体力的和脑力的能力的机会"，"劳动不再是奴役人的手段，而成了解放人的手段"。在马克思看来，享受和满足与劳动创造是相互统一的。在劳动创造中，人可以发挥出自己的潜在本质力量，实现人与世界关系的统一，进而实现人的在世幸福。

(三) 幸福应当是个人幸福和社会幸福两者相统一

马克思认为，个人与社会两者并非对立的关系，而是在历史发展中实现内在的统一。个人与社会在改造世界的实践活动中实现具体的、历史的统一。个人与社会是相互促进、相相辅相成的关系。在幸福的起点上，马克思立足的是"社会化的人类"或"人类社会"，在幸福的归宿上，马克思追求的是"人类的幸福和我们自身的完美"。关于幸福的实践路径，马克思立足于生产力的进步，瞄准共产主义发展方向，号召"全世界无产者，联合起来"，共同为个人理想和社会理想而艰苦奋斗、顽强奋斗、不懈奋斗，实现个人与社会的和谐与统一。

第二节　大学生马克思主义幸福观教育的现状分析

大学生马克思主义幸福观教育，是指以马克思主义幸福理论为理论指导，以实现学生的自由全面发展为终极旨归，以提高大学生幸福认知能力、幸福情感能力和幸福创造能力为目标的一种教育实践活动。分析大学生马克思主义幸福观教育现状，找出其存在的问题，有助于我们有针对性地提出相关建议，提高教育的实效性。

一、大学生幸福观的不确定状态

和高中生活相比，大学生活宽松自由，教学方式也发生了很大的变化，这些为学生提供了成长成才的发展机会。

一方面，大学生的理想较为远大和宏伟，希望能实现幸福，有一个较高层面的精神追求。虽然有很多大学生对幸福观没有一个深刻的理解，但多数学生对于幸福都或多或少有一些思考，能够认识到幸福是需要通过自己的努力才能得到的。而随着年龄的增长，在独立意识和社会责任方面，大学生都有一个明显的进步，在面对实现幸福过程中的困难时，能够依据现实来调整幸福的目标，多数学生能够用发展的眼光来看待这些问题，同时能够坚定信念，有较强的意志力，对幸福的追求有一个强烈的动力。这些都充分说明当代大学生非常重视和关注自己的精神世界。但另一方面，由于现实生活的影响，也有部分学生出现对幸福认知的偏差。有些学生的幸福观出现矛盾，有些学生则认为物质、金钱至上，有钱就有幸福，等等。同时，也有部分学生只关注自身，只注重个人利益。这些问题的产生主要是由于社会思潮在我国的传播，拜金主义、享乐主义等不良的社会思潮对大学生的价值观产生了消极的影响，使得许多学生在追求幸福时失去了正确的方向，用金钱的多少来对幸福进行衡量。当前，大学生高消费已经成为一个社会问题，学生之间相互攀比、超前消费等开始普遍存在。因此，在进行马克思主义幸福观教育中要引导学生如何关注实际问题，解决个体生存需求，它成为当前大学生幸福观教育的主要内容。

总的来看，虽然大学生群体对幸福观有了一些认识和了解，是由于外部环境的影响，大学生对幸福的理解还是处于一个不确定的状态，需要用马克思主义幸福观对大学生进行指导。

二、大学生幸福观教育存在两大误区

当前来看，我国的大学生幸福观教育还在起步时期。国内的高校没有一个规范化的幸福观教育工作模式，多是分散于大学生思想政治教育工作当中。而在现有的大学生幸福观教育工作模式中，也存在着两大误区。

（一）直接移植西方的幸福观教育模式

幸福观教育的误区之一是直接移植西方的幸福观教育模式，这主要表现在以下三方面：

(1) 大学生幸福观教育移植理念的机械化和抽象化。当前我国的大学生幸福观教育中代表性的教育模式大都是从西方直接移植而来的，在教育实践过程中，幸福观教育的理念通常被扭曲，呈现出机械化和抽象化的不良状态。

西方的幸福观教育注重实用，个人主义色彩浓郁，其幸福观教育注重个人幸福观的培养、对快乐的体验等方面。近些年来的“快乐教育”很明显是幸福观教育的一个重要主题，但不能单纯将“快乐教育”和幸福观教育等同起来。“快乐教育”强调大学生要有一个自由、宽松的时间和空间，在课业上要减轻负担，它更加侧重于浅层的感观性的愉悦。但这种快乐会对大学生的幸福观产生错误的指引，快乐不是大学生的全部生活目标，只强调快乐会使得大学生对幸福的认知停留在感观感受当中，这样的幸福是短暂和虚无的。在对大学生进行幸福观教育时应当有一个明确的指导，让大学生明白，幸福是个人幸福与社会幸福的统一，让大学生在追求幸福的同时也追求社会的共同幸福。

(2) 当前高校的幸福观教育较为零散和单一，没有对大学生所处的时代特点和现实进行有针对性的指导。通过对大学生幸福观教育的现状分析可以发现，现有的大学生幸福观教育在内容上泛政治化，对于理想性和未来性过于注重，而忽视了当前的生活实际，对大学生现实性的幸福教育比较少。

(3) 在教育方法上，当前的大学生幸福观教育重显性教育轻隐性教育。显性方法主要是指高校专门设定的幸福观教育，而隐性方面则是指在大学生日常的生活中所受到的关于幸福观的教育。我国高校关于幸福观教育起步比较晚，隐性教育方法则处于探索阶段，在对大学生进行教育时比较依赖于课堂，而校园文化、社会环境等方面资源没有被充分地利用起来，学校、家庭和社会的联系不够紧密，隐性教育和显性教育两者没有很好地进行结合。

(二) 在幸福观教育的实施过程中出现曲解和变异

大学生幸福教育应当关注的是如何帮助学生感觉幸福、体验幸福和创造幸福，但在当前的幸福观教育过程中，对大学生幸福能力的培养被误解为了知识和技能的增加，注重知识的积累，错误地将知识的传播作为幸福观教育的核心，没有对学生的精神和个体需求进行分析，学生的自主精神和创造力被剥夺。由此，高校教育出现了重理论轻实践、重智育轻德育等现状，这也导致高校对大学生幸福观教育的缺失，大学生幸福能力的培养和提升被忽视。一些高校关于大学生幸福观教育存在着理念上的偏差，认为幸福观教育无关紧要，对学生的未来发展和人生关系不大，这是对大学生进行幸福观教育的另一个误区。

第三节　大学生马克思主义幸福观教育的思路与方法

针对当前大学生马克思主义幸福观教育所遭遇的问题，应该围绕以下几方面进行大学生马克思主义幸福观教育创新。

一、加强理想信念教育，明确马克思主义幸福观教育的基本方向

把握大学生马克思主义幸福观教育的基本方向，内在地要求把共产主义理想信念教育作为幸福观教育的首要内容。因而，加强和改进大学生马克思主义幸福观教育的首要任务是要确立马克思主义幸福观教育的基本方向。崇高的理想信念是马克思主义幸福观教育的方向保障，是人生的精神支柱。在我国当代大学生幸福观的培育上，应当充分将整个社会发展的期待、当前个人对社会进步和发展的期待以及大学生自身对于自我发展的期待系统性地融合起来，在理想信念的各维度上确保幸福观认知的科学性，为马克思主义幸福观教育的方向做总的指引。

(一) 以共产主义远大理想为指引

共产主义理想信念作为马克思主义幸福观的最高价值准则，在马克思主义幸福观中处于核心地位。因而，开展大学生马克思主义幸福观教育必须将共产主义远大理想作为大学生马克思主义幸福观教育的价值指引。一是从大学生的现实状况出发，明确共产主义理想教育的理念；二是从教育实际出发，创新共产主义远大理想的教育方式；三是从教育环境出发，彰显共产主义远大理想的隐性教育功能。

(二) 以中国特色社会主义共同理想为纽带

中国特色社会主义共同理想是表征当代中国社会生活实际、表达当代中国人幸福追求的价值目标，是共产主义远大理想在当代中国的表现形态。在大学生马克思主义幸福观教育中，应将中国特色社会主义共同理想作为大学生马克思主义幸福观教育的思想纽带。在教育当代大学生如何正确看待树立社会主义共同理想的过程中，要注意将三方面有机结合起来：一是要将树立中国特色的社会主义共同理想和社会的和谐发展有效结合起来，二是要将中国特色社会主义共同理想的树立与民族的发展振兴结合起来，三是要将中国特色社会主义共同理想的树立与个人的幸福创造活动联系起来。

(三) 以个人理想为支撑

确立大学生马克思主义幸福观教育的基本方向，不能背弃和脱离大学生的个人理想和幸福追求，需要以个人理想的具体性和现实性作为坚强支撑。在幸福观教育中引导学生树立正确的个人理想，要注意以下三方面：一是个人理想的树立要实现合规律性与合目的性的统一；二是个人理想的树立要懂共享、知融合；三是个人理想的树立要真可为、有实劲。

二、将马克思主义幸福观教育融入生活，提高教育的针对性

对大学生来说，幸福观教育不仅要直接针对现实的社会生活，更要指向大学生未来的发展和进步。从大学生的现实生活构成看，当代大学生的现实生活主要包括学业成长、职业发展、社会公益和休闲生活等内容。因此，大学生马克思主义幸福观教育应当从大学生的生活实际出发，将共产主义理想信念的引导与大学生现实生活的内容统一起来。

(一) 以学业成长幸福为大学生幸福教育的基础

学业成长是大学生马克思主义幸福观教育的基础性内容，是大学生未来发展和幸福生活的起点，是大学生实现充分发展的生存论根基。将学业成长幸福作为大学生马克思主义幸福观教育的基础性内容，符合大学生自身的成长特点和发展需要。具体来讲，将学业成长作为大学生马克思主义幸福观教育的基础，应当从以下几方面入手：

(1) 教育大学生树立正确的学业成长观念，将大学生马克思主义幸福观教育与学习观教育相结合。一是要引导大学生认识学业成长之于幸福获取的重要意义；二是要把学业成长的需要发展成为自身幸福实现的需要，树立正确的学习观。

(2) 全面提升大学生学业成长能力，夯实大学生学业成长幸福的基础。大学生学业成长的能力是大学生最核心、最根本的能力，也是大学生实践和创新能力的基础。学业成长能力主要包含发现和解决问题的能力，收集、分析和整理信息的能力以及共享和合作能力。在大学生学业成长的过程中，应当努力创设自主学习氛围，帮助大学生养成问题意识，通过学习实践，提升大学生各项能力。

(3) 指导大学生掌握科学的学业成长方法，将大学生马克思主义幸福观教育与大学生学业成长实践结合起来。大学生学业成长的实现，需要不断地寻找适合自己的学习方法。一是大学生的学业成长应当制订行之有效的学习计划，要结合自身的现实情况，从长期的宏观目标着眼，从近期的微观目标着手，科学合理地设定发展目标和实施步骤。二是大学生学业成长应当合理地利用时间，实现高效率的学习，并在保证学习时间和学习质量的基础上，注重劳逸结合，从而提高学

习效率。三是大学生学业成长应当学会灵活运用多种学习方法，具有针对性地解决学业成长过程中的不同问题。

(二) 以职业发展幸福为大学生幸福教育的指向

从现实来看，职业是大学生未来生存和发展的依托和保障，指向大学生未来发展，是一种预期的目标。大学生职业发展幸福教育应当以培养具有健全人格、独立生存能力、全面发展素质的人才为目的，有目的、有计划、有组织地引导大学生树立端正的职业发展观念，培养大学生全面的职业发展能力，努力使大学生在职业发展的学习和实践中体验自我完善和超越所带来的幸福感受。具体来讲，对当代大学生进行职业发展幸福教育应注意以下两方面：

(1) 要坚持个人幸福和社会幸福相统一的原则，帮助大学生树立科学的职业发展观念。大学生的职业发展幸福是个人和社会的协调统一，必须教育和引导大学生通过职业发展幸福，协调好社会发展和个人发展的关系。

(2) 要坚持创造幸福和享受幸福相统一的原则，全面提升大学生的职业规划能力和职业发展能力。高校应注重将大学生的职业发展指导看作是大学生人生指导的有机组成部分，通过提升大学生的综合素质和能力，稳定大学生未来发展的职业基础，引导大学生树立职业生涯的长期、近期计划，在思想道德素质、专业知识技能、职业能力和心理健康等方面对大学生有针对性地进行培养；提高大学生自我认知的能力和自我评价的能力，职业信息收集、整理的能力和理性判断的能力，促进大学生综合能力的全面发展。

(三) 以社会公益幸福为大学生幸福教育的重点现实现途径

社会公益活动是大学生参与社会活动的一种重要方式，是大学生服务他人、奉献社会的重要方式，因而能够作为大学生马克思主义幸福观教育的着力点。社会公益活动的开展有利于大学生形成正确的幸福观，结合现存的问题，对当代大学生进行的社会公益的幸福观教育应着重从以下几方面开展。

(1) 激发大学生社会公益意识，将大学生马克思主义幸福观教育与社会公益教育结合起来。高校应激发大学生自身所肩负的社会责任感，理解公益、热心公益、投身公益，将践行社会公益理解为实现主观幸福和客观幸福的统一的重要途径。

(2) 加强对大学生社会公益能力的培训，提高大学生社会公益能力的水平。一方面，高校不仅要重视对大学生处理突发事件能力、沟通协调能力等综合能力的培养，还应注意环保知识、医疗保健知识、心理辅导等专业知识的培训，提升大学生在社会公益中的实际操作能力和服务能力；另一方面，高校在组织培训时要根据学生个人的知识储备和工作能力，有针对性地开展工作。在培训中实现大学生能力的提升，从各个方面完善对大学生马克思主义幸福观教育，促进大学生的全面发展。

(3) 组织大学生积极参与社会实践活动，将大学生马克思主义幸福观教育与大学生社会公益实践相结合。大学生马克思主义幸福观的形成不仅需要学校进行知识和理论的教育，更需要在践行中得到升华。高校应积极引导大学生参与到社区服务、大型公益活动志愿服务、公益宣传等社会公益活动中，通过多种多样的公益活动进行体验性学习。

(四) 以休闲生活幸福为大学生幸福教育的补充

对大学生来说，休闲生活是日常生活不可或缺的重要内容，与其他社会群体相比，大学生休闲时间较为充裕。但大学生的休闲生活也存在着许多问题，主要表现在休闲动机不明确、休闲生活无计划性及休闲生活质量差等方面。针对大学生休闲生活的特点及其存在的问题，在对大学生进行休闲教育的同时培养大学生休闲生活幸福观，应该主要从以下几方面入手。

(1) 培养大学生树立科学合理的休闲观念，将大学生马克思主义幸福观教育与大学生休闲生活紧密结合起来。培养大学生树立科学的休闲价值观，形成正确的休闲意识，可以使大学生认识到休闲生活对自身的潜在价值，从而有计划地利用休闲时间来强化自身优势，弥补不足。

(2) 全面培养大学生休闲能力，提升大学生休闲生活质量。在大学生的休闲能力培养中，要特别重视培养大学生的休闲审美能力和休闲生活的选择能力，这些能力都将直接影响到大学生休闲生活的品质品位和大学生休闲生活的质量。开设一定比例的休闲技能方面的课程，对大学生进行阅读、音乐、舞蹈、旅行、社会活动等方面的培训，促进大学生诸多方面综合能力的提升，从而真正地提高大学生的休闲质量，全面提升大学生感知幸福、创造幸福的能力，通过对大学生的马克思主义幸福观教育提升大学生休闲生活的质量。

(3) 通过丰富多彩的校园活动，将大学生马克思主义幸福观教育全面与大学生休闲生活结合起来。校园文化活动潜移默化地影响着大学生的休闲生活，使大学生在校园文化活动中丰富阅历、增加人际交往、锻炼综合能力，实现大学生休闲生活幸福。高校通过组织丰富多彩的校园文化活动，给学生提供展示青春风采和鲜明个性的舞台，促进大学生综合素质的提升，提高其休闲生活的能力和水平，实现大学生的全面发展。此外，高校要注重图书馆、体育馆、校园环境等基础设施的建设，为大学生开展休闲生活提供必要的物质保障。

三、提高学生参与程度，提高学生自我教育主动性

提高学生参与程度，是指在大学生马克思主义幸福观教育过程中，将知识学

习与实践参与相结合，融入主体参与的价值理念、激发大学生的参与意识、培养大学生的参与思维、实施学生参与的策略。

(一) 提高学生参与程度的基本原则

提高学生参与程度来创新大学生马克思主义幸福观教育方法策略是一项复杂而系统的工程，要求各方面力量系统规划、协同推进、整体实施。这就需要把握学生参与的基本原则。

(1) 介入性的态度。介入性态度所表达的内涵是，幸福观教育活动是主体间关系性的存在，受教育者不是处在教育活动边缘的旁观者，而是主动介入教育活动中的主体。提高学生参与程度的前提是注重培养受教育者主动参与和主动介入的自觉意识。彰显介入性的态度，既需要宏观参与环境的创设，又需要大学生主体主动参与其中。

(2) 平等性的关系。幸福观的形成和幸福的创造需要倡导平等、差异的原则，因为个人的成长环境、人生目标、个人素质有所不同，对于幸福的感知自然也不尽相同，形成的也只能是属于个体自身的幸福观。因此，提高学生参与程度的前提和重要原则就是幸福观教育活动中平等性的关系，只有平等性的关系才能保证大学生真诚地、真实地参与。

(3) 创造性的认知。学生参与的方法策略强调主体认知上的创造性和开放性。幸福观教育是一个开放的、具体的教育主题，没有普世性的标准和程序供世人参考，交流探讨是实现教育目标的有效形式，在交流和探讨中才能实现创造性的认知。

(4) 互动性的过程。强化学生参与的大学生马克思主义幸福观教育方法是一个互动的过程，而非独自的过程。将互动性原则贯彻到学生参与的幸福观教育中，能使学生既能在教育中完成幸福观知识的学习，又能完成幸福观的感性体验，有效地将知识的学习与幸福的体验结合起来，打破了传统的独白式幸福观教育方法，有利于提升大学生马克思主义幸福观教育的效果。

(二) 提高学生参与程度的关键环节

大学生马克思主义幸福观教育强调学生和教师的双向参与，主张通过实践活动，引导大学生在实践中实现马克思主义幸福观的内化和外化。根据上述的原则，提高学生参与程度的关键环节可以分为以下三方面。

1. 起点参与：参与教育方案的制订

强化大学生参与幸福观教育必须首先明确参与的目标和内容，教师应当引导学生通过教育方案的制订，明晰参与的方向和具体预期。大学生参与马克思主义幸福观教育方案的制订，其主要参与内容包括：一是参与问题发现的过程；二是参与调查研究的过程；三是参与总结归纳的过程；四是根据反思、调研和归纳，参与具体教育方案的制订，并通过师生间的商讨，共同实现对方案的完善和修改。

2. 过程参与：参与教育方案的实施

学生参与教育方案的实施是马克思主义幸福观教育实践的关键环节，学生能否积极主动地参与教育过程，直接关系到大学生马克思主义幸福观教育效果的好坏。学生参与马克思主义幸福观教育方案的实施，进行具体的教育活动是其实现幸福观内化的关键环节，并可以通过以下策略具体实施：一是创设教育情境，二是参与活动实践，三是尊重差异发展，四是强调合作学习，五是实现自主探究。

3. 结果参与：参与教育活动的评估

教育活动的评估是根据一定的教育价值和教育目标，对于教育活动整体上的评价和估量，是对教育效果、教育内容和教育形式的价值判断和反馈思考。

在大学生马克思主义幸福观教育活动评估的过程中，应当注重方法的选择，在进行评估时要注意以下几点问题：一是要注重方向把握；二是要做到点面结合；三是要兼顾多重视角。

重视教学活动的评价，应当组织学生对教育方案的制订以及教育活动的效果、内容和形式进行系统的评价，教育者应当与大学生一起对教育活动的整个过程进行反思和总结，并制定有效的改进措施，形成反馈意见，以对此后的教育活动进行指导和参照。

参 考 文 献

[1] 马克思，恩格斯．马克思恩格斯选集[M]．北京：人民出版社，1995．

[2] 马克思，恩格斯．马克思恩格斯全集[M]．北京：人民出版社，1971．

[3] 列宁．列宁选集[M]．北京：人民出版社，1995．

[4] 列宁．列宁全集[M]．北京：人民出版社，1957．

[5] 毛泽东．毛泽东选集[M]．北京：人民出版社，1991．

[6] 毛泽东．毛泽东文集：第 5 卷[M]．北京：人民出版社，1997．

[7] 邓小平．邓小平文选[M]．北京：人民出版社，1993．

[8] 习近平．在同各界优秀青年代表座谈时的讲话[N]．人民日报，2013-05-05(1)．

[9] 陈明吾．全球化背景下我国大学生爱国主义教育研究[M]．武汉：长江出版社，2014．

[10] 卢思锋．聚焦理性爱国——兼论全球化与和平发展时期的高校爱国主义教育[M]．北京：北京交通大学出版社，2014．

[11] 陈建波．实现中国梦的必由之路：中国特色社会主义道路[M]．北京：红旗出版社，2014．

[12] 龚云．寻梦之旅：中国梦的由来[M]．北京：红旗出版社，2014．

[13] 孙正林．当代大学生主题教育研究[M]．北京：人民出版社，2014．

[14] 黄蓉生．改革开放以来大学生思想政治教育论纲[M]．北京：人民出版社，2014．

[15] 谢守成，王长华．国际化视野下大学生思想政治教育创新发展研究[M]．北京：人民出版社，2014．

[16] 杜坤林．冲突与重建：当代大学生道德价值观研究[M]．上海：上海交通大学出版社，2013．

[17] 姜正国．建设社会主义核心价值体系与思想政治工作创新研究[M]．长沙：湖南人民出版社，2012．

[18] 乔万敏，邢亮．大学生思想政治教育质量提升模式研究[M]．北京：人民出版社，2013．

[19] 徐峰．新中国大学生思想政治教育研究[M]．北京：人民出版社，2013．

[20] 薛芳锦．文化变迁与当代思想政治教育机制的创新研究[M]．北京：中国商务出版社，2011．

[21] 褚海萍．大学生思想政治教育专论[M]．成都：西南交通大学出版社，2012．

[22] 陈福生，方益权，牟德刚．大学生思想政治教育新论[M]．杭州：浙江大学出版社，2008．

[23] 陈国荣．梳理与构建：大学生思想政治教育理路研究[M]．北京：中国社会科学出版社，2012．

[24] 王虹，刘智．新媒体时代高校思想政治教育创新研究[M]．北京：中国社会科学出版社，2012．

[25] 侯惠勤，姜迎春，黄明理．冲突与整合：如何认识我国社会主义改革实践过程对人们思想的影响[M]．北京：中国人民大学出版社，2004．

[26] 当代大学生思想道德教育研究课题组．当代大学生思想道德教育的理论与方法[M]．北京：北京大学出版社，2007．

[27] 骆郁廷，周叶中，佘双好．思想道德修养与法律基础[M]．武汉：武汉大学出版社，2006．

[28] 熊建生．思想政治教育内容的结构论[M]．北京：中国社会科学出版社，2012．

[29] 吴灿新．当代中国道德教育论纲[M]．北京：中国社会科学出版社，2009．

[30] 罗国杰．理想信念与三观建设[M]．北京：中共中央党校出版社，2001．

[31] 崔国富．大学生职业素质构成与综合培养研究[M]．北京：光明日报出版社，2010．

[32] 王克千，吴宗英．价值观与中华民族凝聚力[M]．上海：上海人民出版社，2001．

[33] 艾国，迟萌，杨茹，等．思想道德修养与法律基础[M]．北京：高等教育出版社，2008．

[34] 马峥涛，司卫乐．大学生就业与创业指导[M]．北京：中国水利水电出版社，2011．

[35] 刘雪峰．高校思想政治教育与校园文化建设创新研究[M]．哈尔滨：黑龙江大学出版社，2014．

[36] 格日乐图．“中国梦”主题教育融入大学生思想政治教育途径研究[J]．内蒙古师范大学学报(教育科学版)，2013(5)：60-63．